KB188484

공자의 논어

論語

공자의
논어 論語

공자(孔子) 지음 | 변진홍 편저

나무의 꿈

책 머리에

배움[학이(學而)]에서 시작해 하늘의 뜻을 알다[지명(知命)]

'論語'의 論이 이론의 뜻이며 語란 사람들에게 말한 것을 나타내어, '사람들이 먼저 자세히 따진 뒤에 기록한 것'으로 공자의 문인(門人)에게서 편찬된 것으로 본다.

『논어(論語)』는 한마디로 요약하여 중국 고전의 사서오경(四書五經) 중 첫 번째 책으로 공자와 그 제자들의 언행이 담긴 어록(語錄)이다.

『논어』의 내용은 '배움'에서 시작해 '하늘의 뜻을 아는 것(知命)'까지로 되어 있는데 그 흐름은, 공자의 말, 공자와 제자 사이의 대화, 공자와 당시 사람들과의 대화, 제자들의 말, 제자들 간의 대화 등으로 구성되어 있으나 이들 모두는 공자라는 인물의 사상과 행동을 보여 주려는데 초점이 맞추어져 있다.

공자는 15세에 학문에 뜻을 두어 가난에 시달리고 천한 일에 종사하면서도 부지런히 이치를 탐구하고 실천에 힘써 위대한 성인(聖人)으로 추앙받았다. 20대에 이미 그 이름을 떨쳐 제자들이 따르게 되었으며 그의 관심은 예(禮)와 악(樂) 등 문화 전반에 걸쳐 있었다.

공자는 인(仁)의 실천에 바탕을 둔 개인적 인격의 완성과 예(禮)로 표현되는 사회질서의 확립을 강조하였으며, 궁극적으로는 도덕적 이상국가를 이 땅에 건설하려 하였다. 공자는 철저한 현실주의자로 그의 사상은 실천을 전제로 한 도덕이 핵심을 이루고 있다. 따르는 제자가 무려 3천여 명이었으며 그 중 72인이 뛰어났다.

당시 노(魯)나라는 계손·맹손·숙손의 삼환씨(三桓氏)가 정권을 농락하는 형편이었다. 공자는 51세 때 대사구(大司寇; 법무장관)까지 역임하였으나 자신의 포부를 펼치지 못하고 물러났다. 그 뒤 천하를 다니면서 정치적 혁신을 실현하려 하였으나 결국 실패하고 68세에 고국으로 돌아와 후진들 양성(養成)에 힘썼다.

『논어』는 진시황(秦始皇)이 천하를 통일했을 때, 소위 분서(焚書)의 화를 입었다. 진시황은 유교의 정치사상이 자기의 전제적 통일 국가의 정치에 어긋난다는 이유에서 책을 불사르고 유학자들을 땅구덩이에 파묻었다. 그 때문에 『논어』는 다른 서적과 함께 잠시 자취를 감추었으나 한(漢)나라 때에 이르러서 다시 세상의 빛을 보게 되었다. 그때 발견된 『논어』에는 세 종류의 책이 있었다. 그 하나는 제(齊)나라에서 발견된 것이고, 또 하나는 노(魯)나라에서 발견된 것과 또 다른 하나는 공자묘(孔子廟)의 벽 속에서 였다.

이들은 비교적 그 내용은 달리하고 있었기 때문에 「제론(齊論)」, 「노론(魯論)」, 「고론(古論)」이라고 불러서 구별하게 되었다. 「고론(古論)」이라고 부른 까닭은 고체문자(固體文字)로 되어 있었기 때문이다.

이 세 종류의 『논어』는 얼마 동안 각각 그대로의 내용에 의하여 읽혀졌으나 후한(後漢) 이후, 이들을 서로 참조하여 그 내용을 수정하고 주석을 달게 되었다.

그후 송(宋)나라 때에 이르러 유교의 대성자(大成者)로 알려진 주희(朱熹)가 『대학(大學)』, 『중용(中庸)』, 『논어』, 『맹자(孟子)』의 네 가지 책을 합쳐서 '사서집주(四書集註)'를 만든 것이 오늘날 널리 읽히고 있는 것이다.

2009년 12월

편저자 씀

목차

제1편
학이學而

『논어』는 매 편마다 첫 장의 처음 두 글자를 따서 편명으로 삼았다.

제1편 첫 구절이 '학이시습지(學而時習之)'이므로 「학이(學而)」를 편명으로 삼았다.

『논어』는 총 20편이며, 그 중에서도 제1편이 가장 중요하다. 황간(皇侃)이 「학이편」을 『논어』의 첫 편으로 내세운 이유는 『예기(禮記)』「학기편(學記篇)」에서 '옥돌은 다듬지 않으면 옥기가 되지 못하고 사람은 배우지 않으면 도를 모른다(玉不琢 不成器 人不學 不知道)"라고 했듯이 배워야 훌륭한 사람이 될 수 있음을 밝히기 위해서다.'라고 말했다.

주자(朱子)는 '배우는 사람이 힘써야 할 글이 많다. 이는 곧 도에 들어가는 관문이고 덕을 쌓는 바탕이다. 배우는 사람이 먼저 힘써야 할 글들이다(所記多務本之意 乃入道之門 積德之基 學者之先務也)'라고 주를 달았다.

제1편 「학이편」은 총16장으로 되어 있다.

배움의 기쁨

공자께서 말씀하셨다.

"성현(聖賢)의 도(道)를 배우고 기회 있을 때마다 이를 생각하고 실천하니 또한 기쁘지 않으냐? 뜻을 같이 하는 벗이 멀리서 찾아오니 또한 즐겁지 않으냐? 나를 남들이 알아주지 않아도 노여워하지 않으니 참으로 군자가 아니겠느냐?"

子曰, 學而時習之면 **不亦說乎**아?
자 왈 학 이 시 습 지 불 역 열 호

有朋이 **自遠方來**면 **不亦樂乎**아?
유 붕 자 원 방 래 불 역 낙 호

人不知而不慍이면 **不亦君子乎**아.
인 부 지 이 불 온 불 역 군 자 호

子 : '선생님'이란 뜻의 존칭. 공자(孔子).

學 : 배우고 알다. 도덕적인 정진(精進)을 뜻하고, 나아가서는 정치의 도(道)를 배운다는 뜻이다.

不(불·부) : 부정의 뜻으로 아니다, 없다, 못하다, 금지의 뜻으로 마라. 의문의 뜻으로 아닌가? ※ 不 다음에 ㄷ, ㅈ이 올 적에는 '부'로 읽는다.

說 : 말씀 (설), 기쁠 (열). 樂 : 즐거울 (락), 풍류 (악), 좋아할 (요).

君子 : 높은 학문과 덕행을 겸비한 지식인. 군자는 지(知)·인(仁)·용(勇)을 갖추어야 한다.

해설 배워야 바르게 도리를 알고 착하게 살 수 있다. 그리고 학문과 덕행이 높은 군자들이 많이 모여서 세(勢)를 형성해야 한다. 그러므로 공자는 '벗들이 멀리서 오니 즐겁지 않으냐'라고 했다.

군자는 근본에 힘써야

유자가 말하였다.

"가정에 있어서 부모에게 효도하고 형에게는 순종하는 인물이 사회에 나와 웃어른을 공경하면서 윗사람의 마음을 거스리기 좋아하는 사람은 드물다. 윗사람 마음을 거스리지 않으면서 질서를 어지럽히길 좋아하는 그런 사람은 아직까지 없었다. 군자는 근본에 힘써야 한다. 근본이 서야 도가 생긴다. 부모에 대한 효도와 형제에 대한 공경이 바로 인(仁)을 이룩하는 근본이다."

有子曰, 其爲人也孝弟요 而好犯上者鮮矣니 不好犯上이요
유 자 왈 기 위 인 야 효 제 이 호 범 상 자 선 의 불 호 범 상

而好作亂者는 未之有也니라. 君子는 務本이니
이 호 작 란 자 미 지 유 야 군 자 무 본

本立而道生하나니 孝弟也者는 其爲仁之本與인저.
본 립 이 도 생 효 제 야 자 기 위 인 지 본 여

有子 : 공자의 제자. 유약(有若). 자는 자유(子有).

孝弟 : 효는 부모를 잘 섬기는 것. 제는 형이나 연장자를 공경하는 것. 弟는 공손할 제(悌)와 같다.

해설 인(仁)은 공자 사상의 핵심이다. 공자는 '인은 남을 사랑함이다(仁愛人也).'라고 했다. 즉 '인은 남을 사랑하는 덕행이다'라는 뜻이다.

사람은 하늘로부터 착한 성품을 받아 지니고 있다. 그 착한 성품의 기본이 곧 인심(仁心)이다. 인(仁)은 인심(仁心)을 바탕으로 모든 사람과 자연 만물을 사랑하고 키워주는 인덕(仁德)의 핵심이다.

듣기 좋게 꾸미는 말

공자께서 말씀하셨다.

"듣기 좋게 꾸며대는 간사한 말, 보기 좋게 아양 떠는 얼굴 표정,이러한 기교에는 인(仁)의 그림자조차 찾기 힘들다."

子曰, 巧言令色이 鮮矣仁이니라.
자 왈 교언영색 선의인

巧言 : 듣기 좋게 꾸며대는 말.
令色 : 용모를 보기 좋게 꾸민다.
鮮矣仁 : 참다운 인이 없다.

해설 주자는 『집주(集注)』에서, '말을 듣기 좋게 잘하고 용모나 표정을 보기 좋게 꾸미고 외면적으로 가식하고, 남을 기쁘게 하려고 애쓰는 (그런 자에게는) 이기적이고 사악한 욕심이 마냥 넘치고 반대로 본심에서 나오는 인덕이 없다'고 했다.

세 가지 일에 대한 반성

증자가 말하였다.

"나는 매일 다음 세 가지 일에 대하여 자신을 반성한다. 남을 위해 충실하게 일을 도모하지 않았는가? 친구와 사귐에 있어 신의를 저버린 일이 없었나? 스승으로부터 배운 학문을 익히지 않은 일이 없는가?"

曾子曰, 吾日三省吾身하노니 爲人謀而不忠乎아?
증 자 왈　오 일 삼 성 오 신　　위 인 모 이 불 충 호

與朋友交而不信乎아? 傳不習乎아?
여 붕 우 교 이 불 신 호　　전 불 습 호

曾子 : 노(魯)나라 무성(武城) 사람, 공자의 제자. 성은 증(曾), 이름은 삼(參). 자는 자여(子輿). 『효경(孝經)』을 저술했다.

해설 자기 반성은 수양과 인격 도야의 바탕이다. 여기서는 세 가지를 들었지만, 사람은 누구나 실수나 허물이 많다. 그러므로 모든 실수나 허물을 깊이 반성하고 두 번 다시 되풀이하지 않아야 스스로 발전할 수 있다.

천승의 나라

공자께서 말씀하셨다.

"천승(千乘)의 나라를 다스리는 데에는, 정사(政事)를 공경히 신중하게 처리하여 백성들의 믿음을 얻어야 하며, 쓸씀이를 절약하고 인재를 아껴야 하며, 백성들에게 일을 시킬 때에는 적절한 시기를 가려서 써야 한다."

子曰, 道千乘之國하되 敬事而信하며.
자 왈　도 천 승 지 국　　경 사 이 신

節用而愛人하며 使民以時니라.
절 용 이 애 인　　사 민 이 시

千乘 : 전쟁을 함에 있어 전차 천 대를 동원할 수 있는 제후의 나라. 승(乘)은 네 필의 말이 끄는 전차. 일 승의 전차에는 무장한 갑사(甲士) 3명, 보졸(步卒) 72명,

기타 잡역을 합해 백여 명이 따랐으며, 그들이 쓸 무기·양곡 등을 운반하는 치중거(輜重車)가 동원되었다. 만승(萬乘)을 동원하는 나라가 천자(天子)의 나라다.

해설 위정자가 천도를 기준으로 모든 일을 신중히 처리하면 백성들의 신망을 얻는다. 또 백성을 사랑하는 인심(仁心)을 바탕으로 국가의 씀씀이를 절약하고 아울러 때를 가려 백성들을 동원하고 부려 써야 한다.

연소자가 수양하는 길

공자께서 말씀하셨다.

"연소자가 수양하는 길은, 가정에 있어서는 부모에게 효도하고 밖에서는 어른들에게 공순하며, 언행을 성실하고 미덥게 해야 한다. 널리 사람들을 사랑하되 특히 인덕있는 사람들과 가까이 지내야 한다. 이렇게 잘 행하고도 여력이 있으면 글을 배워야 한다."

子曰, 弟子入則孝하고 出則弟하며
자 왈 제 자 입 즉 효 출 즉 제

謹而信하며 汎愛衆하되 而親仁이니
근 이 신 범 애 중 이 친 인

行有餘力이어든 則而學文이니라.
행 유 여 력 즉 이 학 문

弟子 : 자식이나 동생이 되는 연소자.

해설 덕행의 실천을 앞세운 말이다. 가정에서는 인(仁)의 근본이 되는 효도를 실천하고, 사회에 나가서는 윗사람을 공경하며 인덕있는 어진 사람을 존경하고 따라야 한다. 그런 다음에 학문을 배워야 한다.

아름다움을 좋아하듯이

자하가 말하였다.

"미인을 그리워하는 대신 어진 사람을 그리워하며, 부모를 섬김에 있어 자신의 힘을 다하며, 임금을 섬김에 있어 자신의 몸을 바칠 줄 알며, 벗과 사귐에 있어 언행에 믿음이 있다면, 비록 배운 게 없다 할지라도 나는 반드시 그를 배운 사람이라 할 것이다."

子夏曰, 賢賢하되 易色하며 事父母하되 能竭其力하며
자하왈 현현 역색 사부모 능갈기력

事君하되 能致其身하며 與朋友交하매 言而有信이면
사군 능치기신 여붕우교 언이유신

雖曰未學이라도 吾必謂之學矣라 하리라.
수왈미학 오필위지학의

子夏 : 위(衛)나라 사람, 공자의 제자. 성이 복(卜), 이름은 상(商), 자는 자하(子夏)이다. 事君 : 임금을 받들고 섬기다.

해설 여색을 탐하듯이 현인을 높이고 존경해야 한다. 그래야 나라의 기풍이 진작되고 흥한다. 또 윤리 도덕을 실천해야 한다. 가정에서는 부모에게 효도하고, 나라의 임금에 대해서는 자기 몸을 아끼지 않고 전력을 기울여 충성하고 공헌해야 한다. 한편 친구나 동료들은 서로 신의를 지켜야 한다. 그래야 정의로운 사회가 된다.

충성과 신의를 지켜라

공자께서 말씀하셨다.

"군자가 신중하지 않으면 위엄이 없고 학문을 배워야 고루하지 않다. 충성과 신의를 지켜라, 자기보다 못한 자를 벗하지 말라, 잘못이 있으면 즉시 꺼리지 말고 고쳐라."

子曰, 君子不重則不威니 學則不固니라.
자왈 군자부중즉불위 학즉불고

主忠信하며 無友不如己者요 過則勿憚改니라.
주충신 무우불여기자 과즉물탄개

學則不固 : 배워야 고집스럽지 않다. 도리에 통하지 않고 꽉 막혔다.
主忠信 : 충성과 신의를 굳게 지켜라.
勿憚改 : 고치는 것을 꺼리지 말라.

해설 군자는 인격적으로 무게와 권위가 있어야 한다. 그러기 위해서는 잘 배우고 도리에 통달해야 한다. 그리고 또한 언행을 신중하게 해야 한다.

백성들의 덕성

증자가 말하였다.

"윗자리에 있는 사람이 부모의 장례를 신중하게 치르고 오랜 조상의 제사를 정성스럽게 잘 받들고 추모하면, 백성들의 덕성이 한결 돈독하게 되리라.

曾子曰, 愼終追遠이면 民德이 歸厚矣리라.
증자왈 신종추원 민덕 귀후의

정치에 관한 관심

자금이 자공에게 물었다.

"선생님(공자)께서는 어느 나라에 가시든지, 반드시 그 나라(임금으로부터) 정사를 물어서 듣게 되시는데, 그것은 선생님께서 먼저 요청하신 것입니까? 혹은 그 나라 임금이 자진해서 말하는 것입니까?"

자공이 말하였다.

"선생님께서는 온화, 선량, 엄숙, 검박, 겸양의 다섯 가지 덕으로써(남을 감화시키고, 그 결과) 그 나라의 정치에 대해 상담을 들으신다. 이처럼 선생님께서 정치에 관심을 갖는 것은 다른 사람들이 정치에 가까이하고자 하는 태도와는 다르다."

子禽問於子貢曰, 夫子이 至於是邦也하사
자금문어자공왈 부자 지어시방야

必聞其政하시나니
필문기정

求之與아 抑與之與아?
구지여 억여지여

子貢曰, 夫子는 溫良恭儉讓以得之시니
자공왈 부자 온양공검양이득지

夫子之求之也는
부자지구지야

其諸異乎人之求之與인저!
기제이호인지구지여

子禽 : 위(衛)나라 사람, 공자의 제자. 성은 진(陳), 이름은 항(亢), 자는 자금(子禽)이다. 자공의 문하생인 동시에 공자의 문하생.

子貢 : 공자의 수제자. 성은 단목(端木), 이름은 사(賜), 자는 자공(子貢)이다. 변론(辯論)의 제1인자. 또한 정치적으로 노(魯)·위(衛)나라의 재상이 되어 집에 천금을 비축했다.

夫子 : 선생님, 공자를 지칭함.

해설 공자는 학문과 덕행을 겸비한 군자들을 배양하고 그들을 현실정치에 참여시킴으로써 인정(仁政)과 덕치(德治)를 실현하고자 염원했다. 그래서 공자는 여러 나라를 방문했고, 가는 곳마다 그 나라 임금과 정치에 대한 논의를 펼쳤다.

어른의 뜻을 따라야

공자께서 말씀하셨다.

"부친이 살아계시면 어른의 뜻을 살펴 따라야 하고, 이미 돌아가셨으면 생존시의 행적을 살펴 본으로 삼아야 한다."

子曰, 父在에 觀其志요 父沒에 觀其行이나
자 왈 부 재 관 기 지 부 몰 관 기 행

三年을 無改於父之道라야 可謂孝矣니라
삼 년 무 개 어 부 지 도 가 위 효 의

예(禮)의 아름다운 조화

유자가 말하였다.

"예(禮)를 시행하는 데는 조화를 귀중하게 여긴다. 옛 선왕들의 예도가 그러했으므로 아름답고 좋았다. (그러나) 작은 일이나 큰일 모두에 조화 위주로만 하면 잘 안 될 때가 있다. 조화의 귀중함을 알고 조화롭게 하되, 예로써 조절하지 않으면 역시 안 될 수도 있다."

有子曰, 禮之用이 和爲貴하니 先王之道 斯爲美니라,
유자왈 예지용 화위귀 선왕지도 사위미

小大由之이나 有所不行이니라,
소대유지 유소불행

知和而和로대 不以禮節之면 亦不可行也니라.
지화이화 불이예절지 역불가행야

先王 : 요(堯), 순(舜), 우(禹), 탕(湯), 문(文)처럼 선정을 베푼 성왕들.

인(仁)을 잃지 않는 사람

유자가 말하였다.

"남에게 한 약속이 의로움에 가깝다면 그 말을 실천할 수 있다. 남을 공경하되 예에 가까워야 치욕스런 일은 당하지 않을 것이다. 남을 의지하되 (그가 친애로운) 인(仁)을 잃지 않는 사람이라야 비로소 그를 존경하고 주인으로 삼을 수 있다."

有子曰, 信近於義면 言可復也며 恭近於禮면 遠恥辱也며
유자왈 신근어의 언가복야 공근어례 원치욕야

因不失其親이면 亦可宗也니라.
인불실기친 역가종야

復 : 돌아올 (복), 다시 (부). 復을 주자는 '말을 실천한다'라고 풀었다. 또는 '거듭하다'로 풀기도 한다.
宗 : 주도적인 인물. 우두머리. 주인. 주체.

배우기 좋아하는 사람

공자께서 말씀하셨다.
"군자는 배불리 먹기를 구하지 않고, 편히 살기를 구하지 않고, 일을 민첩하게 하고 말을 신중히 하며 도를 좇아 바르게 해야 한다. 그래야 가히 배우기 좋아하는 사람이라 말할 수 있다."

子曰, 君子食無求飽하며 居無求安하며
자 왈 군 자 식 무 구 포 거 무 구 안

敏於事而愼於言이오.
민 어 사 이 신 어 언

就有道而正焉이면 可謂好學也已니라.
취 유 도 이 정 언 가 위 호 학 야 이

가난하면서도 도를 즐기고

자공이 말하였다.
"가난하면서도 남에게 아첨하지 않고 부유하면서도 교만하지 않으면 어떻겠습니까?"
공자께서 말씀하셨다.
"그 정도면 괜찮다. 그러나 가난하면서도 도를 즐기고, 부유하면서도 예를 좋아하는 사람만은 못하다."

子貢曰, 貧而無諂하며 富而無驕하되 何如하니이까?
자공왈 빈이무첨 부이무교 하여

子曰, 可也나 未若貧而樂하며 富而好禮者也니라.
자왈 가야 미약빈이락 부이호례자야

※ 안빈낙도(安貧樂道) : 가난한 생활 가운데서도 탐내지 않고 편안한 마음으로 도를 즐김.

남을 알지 못함을 걱정해야

공자께서 말씀하셨다.

"남들이 나를 알아주지 않음을 조금도 걱정할 게 못된다. 내가 남을 제대로 알지 못함을 걱정해야 한다."

子曰, 不患人不知己요 患不知人也니라.
자왈 불환인불지기 환부지인야

不(불·부) : 부정의 뜻, 아니다. 없다. 못하다. 금지의 뜻, 마라. 의문의 뜻, 아닌가?

※ 不 다음에 ㄷ, ㅈ이 올 적에는 부로 읽는다.

不知己 : 자기를 알아주지 않음.

해설 학문은 자기 수양을 위해서 하는 것이다. 설사 남이 나를 알아주지 않더라도 노여워하거나 불평을 하면 안 된다. 그러나 자신은 항상 나보다 현명하고 덕이 높은 사람을 찾고 그 사람에게 배우고 나 자신을 발전케 해야 한다. 그러므로 내가 남을 바르게 알지 못함을 걱정해야 하는 것이다.

제2편
위정爲政

이 편은 모두 공자님 말씀으로 되어 있는데, 두세 장 정치에 관한 것을 제외하고는 모두 효도에 관한 내용이다. 성현과 군자는 다스리는 사람이다. 그러므로 위정을 첫 장에 내세웠고 편명으로 삼았다.

24장으로 되어 있다.

백성이 따르는 정치

공자께서 말씀하셨다.

"덕으로써 정치를 한다면 백성은 자연히 모여든다. 이는 마치 북극성이 제자리에 있으되, 뭇 별들이 그것을 에워싸고 따르는 것과 같으니라."

子曰, 爲政以德이 譬如北辰이 居其所이어든
자왈 위정이덕 비여북진 거기소

而衆星共之니라.
이중성공지

政 : 사람을 바르게(正) 다스리는 것.
北辰 : 북극성.

해설 『고주(古註)』에서는, '덕은 인간적인 조작을 아니한다. 흡사 북극성이 제자리에 가만히 있으되 뭇 별들이 그를 존경하고 그를 중심으로 하고 질서정연하게 돌아가는 것과 같다'고 풀이했다.

사악함이 없는 순수함

공자께서 말씀하셨다.

"『시경』에는 삼백여 편의 시가 실려 있지만, 한 마디로 말해서 그 전체를 꿰뚫고 있는 정신은 '순수하여 사악함이 없다'는 한 귀절로 족하니라."

子曰, 詩三百에 一言以蔽之하니 曰 思無邪니라.
자왈 시삼백 일언이폐지 왈 사무사

詩經 : 주(周)나라의 시를 공자가 편찬한 것으로 전함. 오경(五經)의 하나.
詩三百 : 『시경』에 있는 3백 편의 시. 실제로는 모두 305편의 시를 수록하고 있다.
思無邪 : 생각이나 상념에 사악함이 없다.

덕으로 이끌고 예로써 다스려야

공자께서 말씀하셨다.

"법률 제도만으로써 백성을 인도하고, 형벌만으로써 질서를 유지하려고 하면, 백성들은 죄를 모면하되 부끄러움을 못 느낀다. 그러나 덕으로 이끌고 예로써 다스리면 염치를 알고 또 바르게 된다."

子曰, 道之以政하고 齊之以刑이면 民免而無恥니라.
자왈 도지이정 제지이형 민면이무치

道之以德하고 齊之以禮면 有恥且格이니라.
도지이덕 제지이례 유치차격

해설 공자는 법치(法治)보다 덕치(德治)를 높였다. 덕치는 곧 도덕정치다. 통치자인 임금이나 정치에 참여하는 군자들이 인격을 완성하고 절대선인 하늘의 도리를 따라 솔선수범해서 덕을 세워야 한다.

하늘이 주신 사명

공자께서 말씀하셨다.

"나는 열다섯 살에 학문에 뜻을 두었고, 서른 살에 정신적 기초가 확립되었다. 마흔 살에는 미혹하지 않게 되었고, 쉰 살에는 하늘이 내게 주신 사명을 알았다. 예순 살에는 사물의 이치를 들어 저절로 알게 되었고, 일흔 살에는 무엇이든 하고 싶은 대로 해도 법도에 어긋나지 않았다."

子曰, 吾十有五而志于學하고
자 왈 오 십 유 오 이 지 우 학

三十而立하고 四十而不惑하고
삼 십 이 립 사 십 이 불 혹

五十而知天命하고 六十而耳順하고
오 십 이 지 천 명 육 십 이 이 순

七十而從心所欲하여 不踰矩하라.
칠 십 이 종 심 소 욕 불 유 구

而立 : 학문과 덕행을 겸비한 군자로서 자립하고 사회에 참여할 수 있다.
不惑 : 진리에 대한 확신으로 마음이 흔들리지 않음. 그러므로 세속적인 명리(命理)에 미혹되지 않는다. 知天命 : 하늘이 내린 사명을 앎.
耳順 : 듣는 대로 이치를 앎. 남의 말을 거스림없이 받아들임.

해설 공자가 자신의 평생을 회고하고 자신의 수양과 발전 과정을 요약해서 말한 것이다. 그러나 이 말은 모든 사람의 수양과 발전 과정을 단계적으로 말한 것으로도 볼 수 있다.

효(孝)에 대하여

맹의자가 효에 대해 묻자 공자께서 말씀하셨다.

"어긋나지 않도록 하는 게 좋을 듯합니다."

번지가 수레를 몰고 있을 때 공자께서 말씀하셨다.

"맹손이 나에게 효에 대해 묻길래, 내가 어긋나지 않도록 하는 게 좋다고 대답해 주었다."

번지가 여쭈었다.

"그것은 무엇을 말씀하신 것입니까?"

공자께서 말씀하셨다.

"부모가 살아 계실 때는 예로써 섬기고, 돌아가셨을 때는 예로써 장례를 치르고, 제사도 예로써 모셔야 한다는 것이다."

孟懿子問孝한대 子曰, 無違니라. 樊遲御러니 子告之曰,
맹의자문효 자왈 무위 번지어 자고지왈

孟孫이 問孝於我어늘 我對曰, 無違하라.
맹손 문효어아 아대왈 무위

樊遲曰, 何謂也리이까?
번지왈 하위야

子曰, 生事之以禮하며 死 葬之以禮하며 祭之而禮니라.
자왈 생사지이례 사 장지이례 제지이례

孟懿子 : 노(魯)나라의 대부(大夫) 중손씨(仲孫氏). 이름은 하기(何忌). 그의 아버지 맹희자(孟僖子)가 공자의 예를 배우도록 유언하였다.

樊遲 : 공자의 제자, 이름은 수(須), 자는 자지(子遲).

孟孫 : 맹의자(孟懿子).

부모의 자식 걱정

맹무백이 효에 대해서 묻자 공자께서 말씀하셨다.
"부모는 언제나 자식의 건강이 나쁨을 걱정하시는 것이옵니다."

孟武伯問孝한대 子曰, 父母는 唯其疾之憂시니라.
맹 무 백 문 효 자 왈 부 모 유 기 질 의 우

孟武伯 : 맹의자(孟懿子)의 아들. 武는 시호, 伯은 장자의 뜻. 이름은 체(彘)이다.

해설 맹무백(孟武伯)은 그의 시호가 무(武)인 것만 보아도 그의 인간성이 모질고 과격하고 함부로 무력을 휘둘렀음을 알 수 있다.

그의 부친 맹의자(孟懿子)는 공자에게 예(禮)를 배운 바 있었다. 그래서 공자는 사려가 깊지 못하고 무용을 좋아하는 아들, 즉 맹무백에게, "질병을 앓을 때에는 별 수 없이 부모에게 걱정을 끼쳐 드릴 수 있다. 그러나 그 이외의 다른 일, 특히 무모한 행동으로 부모의 마음을 상하게 하고 또 걱정을 끼쳐서는 안된다."고 말한 것이다.

부모를 잘 섬기고 존경해야

자유가 효에 대해서 묻자 공자께서 말씀하셨다.
"요즘에는 효를 단지 공양하는 것으로만 생각하지만, 개나 말도 키워주고 있다. 부모를 존경하지 않는다면 무엇이 다르겠는가?"

子游問孝한대 子曰, 今之孝者는 是謂能養이니
자 유 문 효 자 왈 금 지 효 자 시 위 능 양

至於犬馬하여도 皆能有養이니라, 不敬이면 何以別乎이오?
지어견마 개능유양 불경 하이별호

子游 : 공자의 제자. 성은 언(言), 이름은 언(偃)이다. 자유는 그의 자.

해설 자기를 낳고 키워준 부모에게 감사하고 부모를 잘 섬기고 정성껏 공양해 올리는 것은 일차적인 효도이다. 그러나 외형적·물질적 공양에도 진정한 사랑과 존경심이 따라야 한다. 그렇지 않으면 가축에게 먹이를 주는 것과 다를 바 없게 된다. 자식은 부모를 통해 생명과 육신을 이어 받았다.

즐거운 낯으로 부모를 대해야

자하가 효에 대해서 묻자 공자께서 말씀하셨다.

"항상 즐거운 낯으로 부모를 대하는 것은 어렵다. 일이 있으면 자식이 그 수고로움을 대신하고, 술이나 음식이 있을 때에는 부모가 먼저 드시게 하는 것을 가지고 어찌 효도라 할 수 있겠느냐? 거기에 참뜻이 담겨져 있지 않다면 효라고 할 수는 없다."

子夏問孝한대 子曰, 色難이니 有事弟子服其勞하고
자하문효 자왈 색난 유사제자복기로

有酒食先生饌을 曾是以爲孝乎아?
유주사선생찬 증시이위효호

子夏 : 위(衛)나라 사람으로 공자의 제자. 성이 복(卜), 이름이 상(商), 자하는 그의 자이다.

弟子 : 원래 '연소자'라는 뜻이지만 여기서는 '자식'을 말한다.

先生 : 원래는 '연장자'라는 뜻이지만, 여기서는 '부모'를 뜻한다.

해설 주자는 '부모를 모실 때에, 자식이 기색과 표정을 부드럽고 즐겁게 하기가 어렵다. 힘드는 일을 대신 떠맡고 음식 공양을 잘하는 것만으로는 충분한 효가 되지 못한다'고 풀이했다.

뜻을 충분히 실천하는 사람

공자께서 말씀하셨다.

"내가 안회와 함께 하루종일 이야기를 해도 그는 마치 어리석은 사람처럼 묵묵히 듣고만 있을 뿐이다. 그런데 그가 돌아간 뒤, 그의 생활을 보니 역시 내 뜻을 충분히 실천하고 있었다. 그러니 안회는 어리석은 사람이 아니다."

子曰, 吾與回言終日하나 不違如愚러니 退而省其私한대
자 왈 오 여 회 언 종 일 불 위 여 우 퇴 이 성 기 사

亦足以發하나니 回也不愚로다.
역 족 이 발 회 야 불 우

回 : 성은 안(顔), 자는 자연(子淵), 回는 이름이다. 공자가 가장 총애한 제자로 32세에 죽었다(B.C. 521~490). 당시 70세의 공자는 '아! 하늘이 나를 망치는구나! 망치는구나!' 하고 통탄했다.

해설 안회는 과묵했으나 배우기를 좋아했고, 또 덕(德)을 실천했다. 그래서 공자가 '어리석은 사람이 아니다'고 한 것이다. 공자의 같은 수제자 자공(子貢)은 안회를 '하나를 듣고 열을 알았다(聞一而知十)'라고 칭찬했다.

사람 됨됨이를 숨길 수 있겠는가

공자께서 말씀하셨다.

"그 사람이 지금 하고 있는 행위를 보고, 그 연유를 살피고 또 그가 (받아들이고 있는) 결과를 관찰해 보면, (결국 그 사람을 알게 된다. 그러니) 사람 됨됨이를 숨길 수 있겠는가, 사람 됨됨이를 어찌 숨길 수 있겠는가!"

子曰, 視其所以하여 觀其所由하며
자 왈 시 기 소 이 관 기 소 유

察其所安이면 人焉廋哉리요 人焉廋哉리오!
찰 기 소 안 인 언 유 재 인 언 유 재

새 지식을 구하는 사람

공자께서 말씀하셨다.

"옛것을 알고, 갈고 닦아 애호하면서 새 지식을 구하는 사람이라면, 능히 남을 인도할 자격이 있다."

子曰, 溫故而知新이면 可以爲師矣니라.
자 왈 온 고 이 지 신 가 이 위 사 의

해설 '온고지신'은 진정한 학문정신을 갈파한 명언이다. 남의 스승이 된 사람은 새로운 도리를 깨달아야 된다. 옛 것에 대한 올바른 지식이 없이는 오늘의 새로운 사태를 정확히 파악할 수 없고, 새로운 사태를 정확히 인식하지 못한다면 장차 올 사태에 대한 올바른 판단이 설 수 없다.

무슨 일이나 할 수 있는 능력

공자께서 말씀하셨다.

"군자는 기계적인 인간이어서는 안된다. 즉 한 가지 일밖에 할 수 없는 전문가여서는 안 된다(무슨 일이나 할 수 있는 능력을 갖추고 있어야만 한다)."

子曰, 君子는 不器니라.
자왈 군자 불기

해설 '불기(不器)'는 기물 같은 존재가 아니다. 하나의 기물은 한 용도에만 쓰인다. 군자는 절대선인 하늘의 도리를 원리원칙으로 삼고 넓은 세계관과 깊은 역사관을 지닌 고차원적 지도자다. 그러므로 기능공 같은 존재가 아니다.

군자는 말보다 실천하는 사람

자공이 군자에 대해서 묻자 공자께서 말씀하셨다.

"말하고자 하는 바를 먼저 실천하고, 그 후에 말하는 사람이 군자니라."

子貢이 問君子한대
자공 문군자

子曰, 先行其言이요 而後從之니라.
자왈 선행기언 이후종지

해설 말하기는 쉬워도 실천하기는 어렵다. 그러므로 군자의 자질에 대한 자공의 질문에 공자는 먼저 행동으로 실천하고 말은 나중에 하라고 가르치고 있다. 먼저 실천하고 말은 나중에 하라고 한 것은 변설에 뛰어난 자공이 말이 너무 앞섰던 것으로 추측이 된다. 이렇게 공자는 제자의 개성에 맞게 지도하였다.

군자의 사귐은 두루 통해야

공자께서 말씀하셨다.

"군자의 사귐은 원만하게 두루 통하므로 한편에 치우치지 않고, 소인은 한편에 치우치므로 두루 통하지 못한다."

子曰, 君子는 周而不比하고
자왈 군자 주이불비

小人은 比而不周니라.
소인 비이부주

小人 : 식견이 좁고 물질적 이득이나 육체적 쾌락만을 앞세우는 편협한 사람.

배우되 생각하지 아니하면

공자께서 말씀하셨다.

"배우기만 하고 생각하지 아니하면 아는 것이 없고, 생각하되 배우지 아니하면 독단에 빠져 위태롭다."

子曰, 學而不思則罔하고,
자 왈 학 이 불 사 즉 망

思而不學則殆니라.
사 이 불 학 즉 태

해설 사람은 배워야 한다. 특히 고전을 배워야 한다. 남한테 배우기만 하고 자기 스스로 생각하지 않으면 진리(眞理)의 빛은 보이지 않는다. 자기 스스로 생각만 하고 남한테 배우지 않으면, 사리(事理)를 독단(獨斷)으로 처리할 위험이 있다.

이단을 배우면 해롭다

공자께서 말씀하셨다.
"이단을 위해 힘을 쏟아 연구하면 해로울 뿐이다."

子曰, 攻乎異端이면 斯害也已니라.
자 왈 공 호 이 단 사 해 야 이

異端 : 주자는 '이단은 성인의 도가 아니고, 다른 한 쪽의 설이다. 양자나 묵자 같은 것이다'라고 말했다. 유가와 다른 학설. 유교에서 높이는 시(詩), 서(書), 예(禮), 악(樂) 이외의 제자백가의 잡서나 학설. 특히 양자(楊子)와 묵자(墨子) 등의 책이나 사상.

안다는 것은 무엇인가

공자께서 말씀하셨다.

"유야! 너에게 안다는 것이 무엇인가를 가르쳐주마? 아는 것을 안다고 하고 모르는 것을 모른다고 하는 것, 이것이 바로 아는 것이니라."

子曰, 由야! **誨女知之乎**인저?
자 왈 유 회 여 지 지 호

知之爲知之오 **不知爲不知**이 **是知也**니라.
지 지 위 지 지 부 지 위 부 지 시 지 야

由 : 공자의 제자인 중유(仲由), 자는 자로(子路), 혹은 계로(季路)이다. 노나라 사람으로 우직하고 용맹스러웠다. 성미가 급하며 신중하지 못했으므로 공자로부터 꾸지람을 들었다.

녹(벼슬)을 얻는 방법

자장이 벼슬[녹(祿)]을 얻는 방법을 배우려 하자 공자께서 말씀하셨다.

"많이 듣되 의아스러운 것은 제외하고 그 나머지를 신중히 말하면 허물이 적을 것이다. 또 많이 보되 미심쩍은 것은 제외하고 그 나머지만 신중히 행하면 후회하는 일이 적을 것이다. 말에 허물이 적고, 행동에 후회가 적으면 녹(벼슬)은 스스로 얻게 마련이다."

子張이 **學干祿**한대, **子曰, 多聞闕疑**오, **愼言其餘**면
자 장 학 간 녹 자 왈 다 문 궐 의 신 언 기 여

則寡尤이며 多見闕殆오 愼行其餘 則寡悔니
즉과우　　다견궐태　신행기여 즉과회

言寡尤하며 行寡悔면 祿在其中矣니라.
언과우　　행과회　녹재기중의

子張 : 성은 전손(顓孫), 이름은 사(師), 자장은 자. 공자의 만년제자로 공자보다 48세 아래였다.

學干祿 : 녹봉을 얻는 방법을 배우고자 한다. 즉 벼슬에 올라 녹봉을 받는 방법을 질문했다.

올곧은 사람을 써야

애공이 물으셨다.

“어떻게 하면 백성들이 잘 따르겠습니까?”

공자께서 대답하셨다.

“올바르고 곧은 사람을 등용시켜 그릇된 사람의 위에 쓰면 백성들이 따르고, 그릇된 사람을 등용하여 바르고 곧은 사람의 위에 쓰면 백성들은 따르지 않습니다.”

哀公이 問曰, 何爲 則民服이니까?
애공　문왈　하위 즉민복

孔子對曰, 擧直錯諸枉이면 則民服하고
공자대왈　거직조제왕　　즉민복

擧枉錯諸直이면 則民不服이니이다.
거왕조제직　　즉민부복

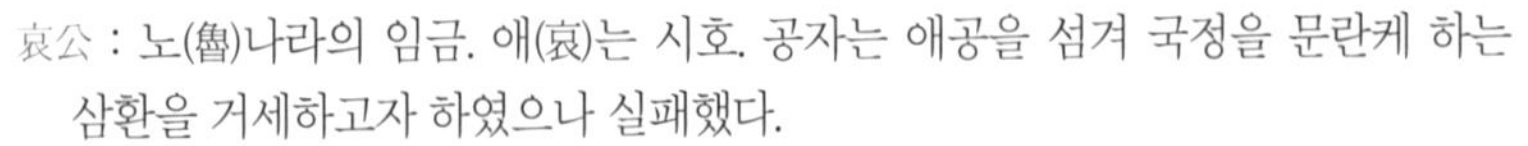

哀公 : 노(魯)나라의 임금. 애(哀)는 시호. 공자는 애공을 섬겨 국정을 문란케 하는 삼환을 거세하고자 하였으나 실패했다.

孔子 : 『논어』에서 ‘子’로 하지 않고 ‘孔子’로 하는 것은 군주와 대담할 때, 군주를 존경하는 뜻에서 그렇게 한 것이다.

해설 바른 사람을 등용해야 한다. 간악하고 악덕한 사람을 등용해서 쓰면 나라는 결딴난다. 선인이 못살고 악인이 잘살면 사회정의가 전도되고 따라서 사람들이 악덕정치에 등을 돌리며, 그 결과는 통치체제가 붕괴된다.

위정자가 백성을 대함에

계강자가 물었다.

"백성들이 윗사람을 공경하고 충성을 다하며 부지런히 일하도록 권하려면 어떻게 해야 합니까?"

공자께서 말씀하셨다.

"위정자가 백성을 대함에 위엄이 있으면 그들이 공경하게 되고, 효와 자애로운 태도를 보이면 그들이 충성스러워지며, 능력있는 사람을 등용하여 무능한 사람을 가르치도록 하면 백성들도 저절로 선행을 힘쓰게 될 것입니다."

季康子問, 使民敬忠以勸이면 如之何이까?
계 강 자 문 사 민 경 충 이 권 여 지 하

子曰, 臨之以莊 則敬하고 孝慈 則忠하고
자 왈 임 지 이 장 즉 경 효 자 즉 충

擧善而敎不能 則勸이니라.
거 선 이 교 불 능 즉 권

季康子 : 노(魯)나라의 대부 계손비(季孫肥). 이름은 비(肥). 교만해서 실정(失政)이 많았다.

敬忠 : 敬은 공경함을 뜻하고, 忠은 진실된 마음의 다함을 의미. (자기를) 공경하고 (자기에게) 충성하게 한다.

孝慈 : (당신이) 부모에게 효도하고 아랫사람에게 자애를 베풀다.

왜 정치를 하지 않으십니까

어떤 사람이 공자에게 물었다.

"선생님은 어찌하여 정치에 관여하지 않으십니까?"

공자께서 말씀하셨다.

"『서경』에 이르기를, 어버이에게 효도하며 형제끼리는 우애있게 지내면 이게 바로 정사를 베푸는 것이라 하였소. 그러므로 어찌 직접 정치에 관여하는 것만이 위정이라 하겠소?"

或이 謂孔子曰, 子奚不爲政이니까?
혹 위공자왈 자해불위정

子曰, 書云 孝乎인저! 惟孝하며 友于兄弟하며 施於有政이라.
자왈 서운 효호 유효 우우형제 시어유정

是亦爲政이니 奚其爲爲政이리오?
시역위정 해기위위정

書云 : 『서경』에 말하다. 書는 '옛날 제왕의 글'의 뜻으로, 공자 시대에는 『서경』을 書라고 했다.

해설 공자의 정치관은 인(仁)을 실현하는 것이다. 인은 선천적으로 주어진 인심(仁心)에서 우러나오는 덕행이다. 즉 서로 사랑하고 협동하여 하나의 공동체를 꾸미고, 다 함께 번영하고 발전할 수 있는 바탕이 되는 덕행이다. 그러므로 공자는 효제(孝弟)를 실천하면 곧 인정(仁政)에 참여하고 있는 것이라고 여겼다.

사람에게 신의가 없다면

공자께서 말씀하셨다.

“사람에게 신의가 없다면 어디에도 쓸모가 없다. 만약 (소가 끄는) 큰 수레에 소의 멍에가 없거나, (말이 끄는) 작은 수레에 멍에 갈고리가 없으면 무엇으로 그것을 끌고 가겠는가?”

子曰, 人而無信이면 不知其可也라.
자 왈 인 이 무 신 부 지 기 가 야

大車無輗하며 小車無輗이면 基何以行之哉리오?
대 거 무 예 소 거 무 월 기 하 이 행 지 재

大車 : 소가 끄는 대형 수레. 주로 짐을 싣는다.
小車 : 말이 끄는 소형 수레. 주로 사람을 태운다.
輗 : 大車의 끌채 끝에 붙어 있는 것으로 소에 멍에를 거는 곳.
軏 : 小車의 끌채 끝에 붙어 있는 것으로 말에 멍에를 거는 곳.

앞으로 십대 이후의 일

자장이 물었다.

“앞으로 열 세대[십 대(十代)] 이후의 일을 알 수 있겠습니까?”

공자께서 말씀하셨다.

“은나라는 하나라의 예절과 법도를 따랐으니 비교해 보면 폐지한 것이나 보탠 것을 알 수 있고, 주나라는 은나라의 예절과 법도를 따랐으니 거기에서 폐지하고 보탠 것을 알 수 있다. 만약 어떤 사람이 주나라를 이어받는다면 설사 백 세대 이후라 할지라도 알 수 있을 것이다."

子張이 問, 十世可知也이니까?
자 장 문 십 세 지 지 야

子曰, 殷因於夏禮하니 所損益可知也하며 周因於殷禮하니
자 왈 은 인 어 하 례 소 손 익 가 지 야 주 인 어 은 례

所損益知也이니 其或繼周者면 雖百世可知也니라.
소 손 익 지 야 기 혹 계 주 자 수 백 세 지 지 야

十世 : 열 세대. 세(世)는 부자(父子)가 세대를 교차하는 30년, 주자는 '왕이 성을 바꾸고 천명을 받는 것을 1세라 한다'고 하여 왕조의 교체로 보았다.

해설 하·은·주, 세 왕조를 삼대(三代)라고 한다. 각 왕조는 성왕(聖王)에 의해 건국되고, 기에는 천도(天道)를 따라 이상적인 정치를 폈다.

옳은 일을 보고도 행하지 않음은

공자께서 말씀하셨다.

"자기 조상의 혼령이 아닌데도 제사를 지내는 것은 아첨함이요, 자기가 행해야 할 옳은 일을 보고도 행하지 않는 것은 용기가 없음이다."

子曰, 非其鬼而祭之이 諂也요 見義不爲이 無勇也라.
자 왈 비 기 귀 이 제 지 첨 야 견 의 불 위 무 용 야

해설 도의(道義)를 따르고 지키고 실천하는 것이 진정한 용기이다. 만용(蠻勇)을 부리고 폭력을 휘두르는 것은 참다운 용기가 아니다.

제3편
팔일八佾

팔일(八佾)은 '천자가 종묘에서 제사지낼 때 연주는 무악(舞樂)의 이름'이다. 이 편에는 주로 예악(禮樂)에 관한 말씀으로, 노(魯)나라의 전통인 예절에 대한 제도와 주공(周公)의 문화를 해설하여 그 정신을 지킬 것을 역설했다. 모두 26장으로 되어 있다.

감히 천자의 무악을 춘다면

공자께서 계씨를 평하여 말씀하셨다.

"계씨는 천자의 무악인 팔일무를 자신의 뜰에서 추게 하였는데, 이런 짓을 감히 허락할 수 있다면, 장차 이 세상에 허락 못할 일이 없을 것이다."

孔子謂季氏하시되, 八佾舞於庭하니
공 자 위 계 씨　　　팔 일 무 어 정

是可忍也면 孰不可忍也오?
시 가 인 야　　숙 불 가 인 야

季氏 : 계손씨(季孫氏)의 후예로 노(魯)나라 소공(昭公) 때의 대부였던 계평자(季平子)를 가리킨다.

八佾 : 천자가 공연할 수 있는 악무인 팔일무를 가리킨다. 주(周)나라 때 천자(天子)는 팔일, 곧 8렬 8행의 64인, 제후는 6일의 36인, 대부는 4일의 16인임.

해설 예치(禮治)는 법치(法治)보다 월등 높은 단계의 덕치(德治)다. 천도를 따라 지덕을 세우기 위한 정치가 곧 예치이다. 예의나 예악이 문란하면 국가의 틀이 무너지고 아울러 국민의 기풍이 타락하게 된다.

천자의 제사를 읊은 시

노나라의 세도가인 세 대부 집안에서 제사를 지낸 후에 '옹'의 시를 읊었다. 이에 대해 공자께서 말씀하셨다.

"『시경』 옹 편에, '제후들이 제사를 도와 받들고, 천자는 옥좌에서 그 위용(威容)을 자랑하고 있도다'고 했다. 이 시를 어찌 세 대부 집안의 사당에서 취하는가?"(그 시는 천자의 제사를 읊은 시다)

三家者以雍徹이러니 子曰, 相維辟公이어늘
삼 가 자 이 옹 철 자 왈 상 유 벽 공

天子穆穆을 奚取於三家之堂인고?
천 자 목 목 해 취 어 삼 가 지 당

三家者 : 노나라를 혼란케 하고 권세를 독점하고 있는 삼환씨(三桓氏). 곧 맹손씨(孟孫氏), 숙손씨(叔孫氏), 계손씨(季孫氏) 집안을 말함.

雍 : 『시경』 주송(周頌)의 편명인 '옹(雝)'을 말한다. 천자가 종묘에 제사를 지낼 때, 제사가 끝나고 나서 '옹'을 연주하였다.

사람으로서 어진 마음이 없다면

공자께서 말씀하셨다.

"사람으로서 어진 마음이 없다면 예의를 지키는 것이 무슨 의미가 있겠는가? 사람이 어질지 못하다면 음악을 한들 무슨 의미가 있겠는가?"

子曰, 人而不仁이면 如禮何오? 人而不仁이면 如樂何오?
자 왈 인 이 불 인 여 례 하 인 이 불 인 여 악 하

예는 사치스럽기보다는 검소해야

임방이 예의 본질을 여쭙자 공자께서 말씀하셨다.

“어려운 질문이로다! 예는 사치스럽기보다는 차라리 검소해야 한다. 장례는 형식에 따르기보다는 진심으로 애통해야 한다.”

林放이 問 禮之本한대 子曰, 大哉라 問이여!
임방 문 예지본 자왈 대재 문

禮는 與其奢也론 寧儉이오 喪은 與其易也론 寧戚이니라.
예 여기사야 영검 상 여기역야 영척

林放 : 노(魯)나라 사람으로 자는 자구(子邱). 공자의 제자인지 명확치 않다.

해설 모든 의식(儀式)은 형식면에서 사치하게 꾸미는 것보다 경건한 마음으로 검소하고 알차게 치르는 것이 좋다. 장례를 치를 때에는 속에서 우러나오는 애도의 정을 바탕으로 차근차근 모든 절차를 차분하게 거행해야 한다.

천하의 중심을 차지하는 문화국가

공자께서 말씀하셨다.

“오랑캐 나라에 임금이 있다해도, 중화의 여러 나라에 임금이 없는 경우보다 못하다.”

子曰, 夷狄之有君이 不如諸夏之亡也니라.
자왈 이적지유군 불여제하지망야

夷狄 : 미개의 민족. 한(漢)민족은 옛날부터 자기 나라를 중화(中華) 또는 중국(中國)이라고 했다. 그리고 그 둘레의 민족을 동이·서융·남만·북적이라고 일컬었다.

해설 중하(中夏) 혹은 중화(中華)라는 명칭은 천하의 중심을 차지하는 문화 국가라는 뜻이다. 여름 하(夏)는 여름에 나무가 자라고 지엽(枝葉)이나 꽃이 무성하다는 뜻으로 꽃 화(華)에 통한다.

한편 주변에 있는 미개의 야만족을 일관해서 오랑캐라고 일컬었다. 즉 동이(東夷)·서융(西戎)·북적(北狄)·남만(南蠻)이 다 오랑캐이다.

그러므로 중하의 문화국가와는 근본적으로 다르며, 설사 중하의 문화국가가 혼란에 휘말려 일시적으로 임금이 없다 해도 오랑캐와는 비교가 안 된다. 역사적 사실로 노나라의 임금 소공(昭公)이 삼환씨(三桓氏)에 밀려, 국외로 망명하고 7년간 임금이 없었다. 그래도 노나라는 주공단(周公旦)이 세운 정통의 문화국으로 오랑캐와는 격이 다르다는 것을 공자가 힘주어 강조한 말이다.

예에 맞지 않는 제사

계손씨가 태산에서 산신제를 지내려 하자, 공자께서 (계씨의 가신인) 염유에게 말씀하셨다.

"자네는 계씨의 잘못을 말릴 수 있겠느냐?"

염유가 대답하였다.

"제 힘으로는 불가합니다."

공자께서 말씀하셨다.

"아, 어찌 태산의 산신이 임방만 못하여 예에 맞지 않는 제사를 받고 좋아할 것이라 생각하는가?"

季氏旅於泰山이러니, **子謂冉有曰, 女弗能救與**아?
계 씨 여 방 태 산 자 위 염 유 왈 여 불 능 구 여

對曰, 不能이로소이다.
대 왈 불 능

子曰, 嗚呼라! **曾謂泰山**이 **不如林放乎**아?
자 왈 오 호 증 위 태 산 불 여 임 방 호

季氏 : 무도하게 참월한 계손씨.
泰山 : 중국 산동성에 있는 유명한 산으로 오악(五嶽)의 하나.
冉有 : 공자의 제자. 당시 계씨의 집사로 있었다.

해설 태산의 신이 임방만큼도 예를 모를 거라고 생각하느냐? 태산의 신은 영험하다. 그러므로 무도한 제사를 받지 않는다. 그런즉 '네가 계씨에게 무도한 제사를 지내도 아무 소용이 없다고 말해서 안 지내게 말하라'는 뜻이다.

군자의 다투는 일

공자께서 말씀하셨다.
"군자는 다투는 일이 없다. 굳이 다툰다고 한다면 그것은 활쏘기로다. 서로 절하고 사양하며 활쏘는 자리에 오르고 내려와 벌주를 마시니, 그 다투는 모습이 군자답다."

子曰, 君子無所爭이니 **必也射乎**인저!
자 왈 군 자 무 소 쟁 필 야 사 호

揖讓而升하여 **下而飮**하나니 **其爭也君子**니라.
읍 양 이 승 하 이 음 기 쟁 야 군 자

덕성을 갖춘 뒤에 예가 따라야

자하가 공자께 여쭈었다.

“시에 ‘방긋 웃는 입모습 아름답고, 아리따운 검은 눈동자, 샛별같이 빛나는 데, 그윽히 풍기는 화장 냄새여!’ 라는 것은 무엇을 말하는 것입니까?”

공자께서 말씀하셨다.

“그림을 그릴 경우를 두고 말한다면, 훌륭한 그림이 그려지고 나서, 그 끝마무리로 호분(胡粉)을 뿌리는 것과 같은 거겠지.”

자하가 말했다.

“덕성을 갖춘 뒤에 예가 따라야 한다는 뜻이군요.”

공자께서 말씀하셨다.

“나를 일깨워주는 자는 상이로구나! 비로소 자네와 함께 시를 말할 수 있게 되었다.”

子夏問曰, ‘巧笑倩兮며 美目盼兮여 素以爲絢兮라 하니
자하문왈 교소천혜 미목반혜 소이위현혜

何謂也이니까? 子曰, 繪事後素니라. 曰, 禮後乎인저?
하위야 자왈 회사후소 왈 예후호

子曰, 起予者는 商也라! 始可與言詩已矣로다.
자왈 기예자 상야 시가여언시이의

商 : 복상(卜商), 즉 자하(子夏)를 가리킨다.

詩 : 『詩經』을 말한다.

※ 주자(朱子)의 『집주』는 ‘회사후소(繪事後素)’를 다음과 같이 풀었다. ‘그림을 그리는 일은 소(素) 다음에 한다. 먼저 흰 가루를 바닥에 뿌리어 바탕을 만들고 그 다음에 채색을 한다. 마치 사람의 경우 좋은 바탕이 있은 다음에 문화적으로

꾸밀 수 있음과 같다.

해설 그림을 그릴 때에는 먼저 흰 바탕이 마련된 뒤에 고운 색칠을 하는 것이 순서이다. 이와 마찬가지로 예를 행하기에 앞서 먼저 인간으로서의 성실성을 갖추어야 한다.

다시 말하자면 인(仁)한 마음이 없는 자가 예(禮)로써 겉모습을 꾸미는 것은 남을 속이는 행위일 뿐이다.

예를 증명하기에 부족한 문헌

공자께서 말씀하셨다.

"하나라의 예는 내가 이야기할 수 있지만, 그 후예인 기나라의 예는 증명하기에 부족하고, 은나라의 예에 대해서도 내가 말할 수는 있지만, 그 후예인 송나라의 예는 증명하기에 부족하다. 이것은 문헌이 부족한 까닭이다. 문헌이 충분하다면 내가 그것을 증명할 수 있을 것이다."

子曰, 夏禮를 吾能言之나 杞不足徵也며 殷禮를 吾能言之나
자왈 하례 오능언지 기부족징야 은례 오능언지

宋不足徵也는 文獻不足故也니 足則吾能徵之矣니라.
송부족징야 문헌부족고야 족 오능징지의

杞 : 주(周)나라 무왕(武王)이 하나라 우왕(禹王)의 후예인 동루공(東樓公)으로 하여금 우왕의 제사를 지내게 하기 위해 세워준 나라로 지금의 하남성(河南省) 기현(杞縣)에 있었다.

宋 : 주(周)나라 무왕(武王)이 은나라 탕왕(湯王)의 후예인 미자(微子)로 하여금 탕왕의 제사를 지내게 하기 위해 세워준 나라로 지금의 하남성 상구현(商丘縣)에 있었다.

신의 강림을 청하는 절차

공자께서 말씀하셨다.

"체제(禘祭)를 지낼 때, 술을 땅에 부으며 신의 강림을 청하는 절차 이후의 것을 나는 보고 싶지 않다."

子曰, 禘 自旣灌而往者는 吾不欲觀之矣로라.
자왈 체 자기관이왕자 오불욕관지의

禘 : 천자만이 종묘에서 하늘과 함께 시조(始祖)를 모시는 큰 제사다. 주(周) 성왕(成王)이 주공단(周公旦)에게만 특별히 체제를 허락했었다. 노(魯)나라는 제후국이었기 때문에 체제(禘祭)를 지낼 수 없는데, 그 시조인 주공이 주나라에 대해 공로가 크다는 이유로 성왕이 특별히 허락하여 주공과 그의 조상인 문왕에게 체제를 지낼 수 있게 되었다.

천하를 다스리는 일

어떤 사람이 체제(禘祭)의 이치를 물어 보자, 공자께서는 "모르겠소. 그 이치를 아는 사람이라면 천하를 다스리는 일은 이것을 보는 것과 같을 것이오!"라고 하면서 자신의 손바닥을 가리키셨다.

或問禘之說한대 子曰, 不知也로라. 知其說者之於天下也에
혹문체지설 부왈 지야 지기설자지어천하야

其如示諸斯乎인저 하고! 指其掌하시다.
기여시제사호 지기장

해설 노나라의 참월한 실권자가 건방지게 체제에 대한 말을 묻자, 공자는 '나는 모르겠소'하고 외면하고, '체제는 천하를 다스리는 제사'임을 암시했다.

자신이 제사에 참여하지 않으면

공자는 조상에게 제사를 지낼 때에는 마치 조상이 살아계신 듯 정성스럽게 하고, 산천의 신을 모실 때는 신이 앞에 있는 듯 경건했다.

공자께서 말씀하셨다.

"내 자신이 제사에 직접 참여하지 않으면 제사를 지내지 않은 것과 같다."

祭如在하시며 祭神如神在러시다.
제 여 재 제 신 여 신 재

子曰, 吾不與祭면 如不祭니라.
자 왈 오 불 여 제 여 불 제

해설 선조나 부모에 대한 공경과 봉양은 생사(生死)를 통해 여일(如一)하게 해야 한다. 생시(生時)에도 잘 모시고 사후(死後)에도 잘 모신다. 그러므로 장례(葬禮)와 제사(祭祀)를 강조한다. 돌아가신 부모에 대하여 애도하는 심정과 감사하는 마음과 과거를 회상하며 느끼는 여러 가지 정서를 함께 모아 경건하게 제사를 지낸다. 그러면 새삼 고인이 살아있는 모습 그대로 나타날 것이다.

하늘에 죄지으면 빌 곳이 없다

왕손가가 물었다.

"'방안에 아첨하느니 차라리 부엌에 아첨하라'고 하는 말은 무엇을 의미합니까?"

공자께서 말씀하셨다.

"그렇지 않소. 하늘에 죄를 지으면 빌 곳이 없는 법이오."

王孫賈問曰, 與其媚於奧로는 寧媚於竈라 하니 何謂也잇가.
왕손가문왈 여기미어오 영미어조 하위야

子曰, 不然하다, 獲罪於天이면 無所禱也니라.
자왈 불연 획죄어천 무소도야

王孫賈 : 위(衛) 영공(靈公)의 대부로 성이 王孫이고 이름이 賈이다.
奧 : 구석방에 있는 신. 제사를 지낼 때 신주를 모시는 곳. 집안의 어른이 거처하는 곳.
竈 : 부엌에 있는 신.

해설 공자가 위(衛)나라에 갔을 때, 왕손가는 위나라의 군사권을 장악한 실력자였다. 그가 속담을 들먹이며 은근히 '자기를 섬기라'는 뜻을 비치자, 공자는 따끔하게 일침을 가했다.

"하늘 앞에 죄를 지으면, 용서를 빌 곳이 없다."

이 때의 하늘을 주자는 이(理)라 풀었다. 공자는 참월한 왕손가의 비례(非禮)와 야심을 눈치채고 하늘이 있음을 알려주었다.

두 나라를 본보기로 삼아

공자께서 말씀하셨다.

"주나라는 하·은 두 나라를 본보기로 삼아 문화가 찬란하도다! 나는 주나라를 따르리라."

子曰, 周監於二代하니 **郁郁乎文哉**라! **吾從周**하리라.
자왈 주감어이대 욱욱호문재 오종주

※ 殷鑑不遠(은감불원) : '은나라가 거울삼아야 할 것이 멀지 않다.' 곧 스스로 반성하여 교훈으로 삼아야 할 실패의 선례는 먼 데에 있지 않고, 가까이에 있다는 것. 또는 남의 실패를 자신의 거울로 (본보기로) 삼으라는 말.

누가 예를 안다고 하였는가

공자께서는 태묘에 들어가 제사지낼 때, 모든 일을 일일이 물으셨다. (그러자) 어떤 사람이 말하였다.

"누가 저 추인의 아들이 예를 안다고 하였는가? 태묘에 들어가 일일이 묻더라."

공자께서 이 말을 들으시고 말씀하셨다.

"그것이 바로 예이니라."

子入大廟하사 **每事問**하신대
자입태묘 매사문

或曰, 孰謂鄹人之를 **子知禮乎**아? **入大廟**하여 **每事問**하니.
혹왈 숙위추인지 자지례호 입대묘 매사문

子聞之하시고 曰, 是禮也니라.
자 문 지 　　　왈 　시 례 야

大廟 : 대(大)를 태로 읽는다. 노(魯)나라의 시조인 주공(周公)의 사당.
鄹人之子 : 추읍 사람의 아들. 곧 공자를 말한다. 鄹는 공자의 아버지 숙량흘(叔梁紇)이 이 읍에서 대부를 지냈기 때문에 공자를 '추인의 아들'이라 불렀던 것이다. 추(鄹)는 곡부 근처의 읍.

사람마다 힘을 쓰는 정도

공자께서 말씀하셨다.
"활쏘기를 할 때, 과녁의 가죽을 꿰뚫는데 주력하지 않는 것은 사람마다 힘을 쓰는 정도가 다르기 때문이다. 이것이 옛날의 궁도였다."

子曰, 射不主皮는 爲力不同科니 古之道也니라.
자 왈 　사 부 주 피 　위 력 부 동 과 　고 지 도 야

그 예를 더 중하게 여겨라

자공이 매월 초하루에 지내는 곡삭제에 양을 바치는 것을 없애려 하자, 공자께서 말씀하셨다.
"사야, 너는 그 양을 아까워하지만, 나는 그 예를 더 중하게 여긴다."

子貢이 欲去告朔之餼羊한대.
자 공 　욕 거 곡 삭 지 희 양

子曰, 賜也아 爾愛其羊이나 我愛其禮니라.
자 왈 사 야 이 애 기 양 아 애 기 례

告朔 : 초하루를 고하는 제사. 연말에 천자가 내년의 책력을 제후들에게 나눠주면 제후들이 이를 받아 선조의 종묘에 보관해두었다가 매월 초하루에 양을 희생으로 삼아 종묘에 고하던 의식.
餼羊 : 제사에서 희생물로 쓰는 양. 희생양.
賜 : 자공의 이름.

군주를 섬기며 예를 다하라

공자께서 말씀하셨다.
"군주를 섬기며 예를 다한다는 것은 지극히 당연하다. 그런데도 사람들은 그것을 두고 아첨한다고 말하고 있구나."

子曰, 事君盡禮를 人以爲諂也로다.
자 왈 사 군 진 례 인 이 위 첨 야

임금은 예로써 신하를 부리고
정공이 물었다.
"임금이 신하를 부리고 신하가 임금을 섬기는 것은 어떻게 해야 합니까?"
공자께서 말씀하셨다.
"임금은 예로써 신하를 부리고 신하는 충성으로써 임금을 섬겨야 합니다."

定公問, 軍使臣하며 臣事君하되 如之何이까?
정 공 문 군 사 신 신 사 군 여 지 하

孔子對曰, 軍使臣以禮하며 臣事君以忠이니이다.
공 자 대 왈 군 사 신 이 례 신 사 군 이 충

定公 : 노(魯)나라의 임금(B.C. 509~495 재위), 공자가 그를 섬기고 삼환(三桓)의 세력을 누르려고 했으나 실패하고 노나라를 떠났다.

즐거우나 정도에 지나치지 않고

공자께서 말씀하셨다.

"『시경』의 관저편은 즐거우나 정도에 지나치지 않고, 애처로우나 마음을 상하게 하지는 않았다."

子曰, 關雎는 樂而不淫하고 哀而不傷이니라.
자 왈 관 저 낙 이 불 음 애 이 불 상

關雎 : 『시경』, '주남(周南)'의 첫 번째 나오는 시이다. 자신의 짝이 될 여인을 생각하는 청년의 마음을 그렸다.

지나간 과거는 탓하지 말라

애공이 재아에게 사단(社壇)에 심는 나무에 관하여 묻자 재아가 대답하였다.

"하나라 시대에는 소나무를 심었고, 은나라 시대에는 잣나무를 심었으며, 주나라 시대가 되어서는 밤나무를 심었습니다. 밤나무를 심음은 백성들을 전율(戰慄)케 하려는 것이었다고 합니다."

공자께서 이를 들으시고 말씀하셨다.

"이루어진 일은 논하지 않고 끝난 일은 따지지 않으며, 이미 지나간 과거는 탓하지 않는 법이다."

哀公이 問社於宰我한대 宰我對曰, 夏后氏는 以松이요,
애공 문사어재아 재아대왈 하후씨 이송

殷人은 以柏이요 周人은 以栗이니 曰 使民戰栗이니이다.
은인 이백 주인 이율 왈 사민전률

子聞之하시고 曰, 成事라 不說하며
자문지 왈 성사 부설

遂事라 不諫하며 旣往이 不咎로다.
수사 불간 기왕 불구

哀公 : 노나라의 임금. 정공(定公)의 아들.

社壇 : 임금이 토지신(土地神)을 모시는 곳. 높게 단을 쌓고 신주(神主)의 상징인 나무를 심었음. 이 사수(社樹) 는 역대의 왕조마다 달랐음.

宰我 : 공자의 제자. 이름은 여(予), 자는 자아(子我).

戰栗 : 전율(戰慄)하다. 두려워서 떠는 것. 본래 사수(社樹)는 토질과 기후에 맞는 것이 선정되었다. 재아는 밤 율(栗) 자가 무서워하다의 慄과 음이 같은 점에 착안하여 자기 나름의 해석을 한 것이다.

해설 애공(哀公)이 재아(宰我)에게 사수(社樹)에 대한 질문을 하게 된 동기를 애공 4년에 박(亳)의 사(社)가 불에 탔기 때문일 거라고 한다. 박은 은(殷)나라 도읍이 있었던 곳이다.

그러므로 은나라의 사수는 백(柏)이라고 대답하면 될 것을 재아가 하나라의 사수는 송(松)이고, 주나라의 사수는 율(栗)이라고 늘어놓고, 특히 '주나라에게 밤나무를 심은 것은 백성들을 떨게 하기 위해서다'라고 군소리까지 덧붙였다. 뒤에 그런 말을 듣고 공자가 못마땅하게 여기며 "이미 지나간 일이니, 어쩔 수 없다."라고 말했으나, 사실은 재아를 크게 꾸짖은 것이다.

그 누가 예를 모른다고 하랴

공자께서 말씀하셨다.
"관중은 그릇이 작은 사람이다."
어떤 사람이 물었다.
"관중은 검약했습니까?"
공자께서 말씀하셨다.
"관중은 아내를 세 명이나 두고 부하에게 겸직을 시키지 않았으니 어찌 검약하다고 하겠소?"
"그럼 관중은 예를 알았습니까?"
공자께서 대답하셨다.
"임금이 나무로 문을 가리는 가림벽을 세우면 관씨도 가림벽을 세웠고, 임금이 두 나라 사이의 우호증진을 위해 두 임금이 함께 연회를 할 때 술잔을 엎어놓는 잔대를 설치하자, 관씨도 잔대를 설치하였다. 이러한 관씨가 예를 알았다면 그 누가 예를 모른다고 하겠는가?"

子曰, 管仲之器小哉라. 或이 曰, 管仲은 儉乎이까?
자왈 관중지기소재 혹 왈 관중 검호

曰, 管氏有三歸하며 官事를 不攝하니 焉得儉이리오.
왈 관씨유삼귀 관사 불섭 언득검

然則管仲은 知禮乎이까?
연 관중 지례호

子曰, 邦君이야 樹塞門이어늘 管氏亦樹塞門하며
자왈 방군 수색문 관씨역수색문

邦君이 爲兩君之好에 有反坫이어늘 管氏亦有反坫하니
방군 위양군지호 유반점 관씨역유반점

管氏而知禮면 孰不知禮리오?
관씨이지례 숙부지례

管仲 : 제(齊)나라의 대부. 이름은 이오(夷吾)로 공자보다 약 200년 전에 살았던 사람으로 환공(桓公)을 도와 내정을 개혁하고 국력을 증강시켰음.

塞門 : 집안이 들여다보이지 않도록 대문 앞에 막아 세우는 벽.

反坫 : 주대(周代)에 제후들이 회동을 할 때, 다 마신 술잔을 엎어 놓기 위해 흙으로 만든 잔대(盞臺). 술을 마시고 주인은 동점(東坫)에, 손님은 서점(西坫)에 잔을 놓는다.

해설 관중(管仲)은 관포지교(管鮑之交)로 알려진 정치가다. 정치적 수완이 탁월하여 제나라의 환공(桓公)을 패자(覇者)가 되게 했다.

『논어』에도 공자가 관중의 정치적 업적을 인정한 글이 보인다. 그러나 여기서는 '관중은 기량이 좁은 사람이다.'라고 평했다. 즉 왕도덕치(王道德治) 면에서 보면 광중의 도량이 작다는 뜻이다. 아울러 관중이 대부의 신분으로 '삼귀대(三歸臺)'를 설치하고, 가신들에게 겸직을 않게 하고, 병장(屛障)을 세우고 또 반점(反坫)을 설치한 것들이 다 도리에 어긋남을 지적한 것이다.

소리가 이어지면서 조화를

공자께서 노나라 대사에게 음악에 대하여 말씀하셨다.

"나도 음악을 알 만합니다. 처음 시작할 때는 여러 가지 소리가 합해지고 소리가 이어지면서 조화를 이루며, 음이 분명해지면서 끊임없이 지속되어 한 곡이 완성됩니다."

子語魯大師樂 曰, 樂은 其可知也니 始作에 翕如也하여
자어로대사악 왈 악 기가지야 시작 흡여야

從之에 純如也하며 皦如也하며 繹如也하여 以成이니라.
종지 순여야 교여야 역여야 이성

※ 악(樂)은 예(禮)와 더불어 중국 고대 정치의 중요한 위치를 차지하고 있었는데, 공자는 음악에도 밝아서 '악'을 바로잡았다.

세상의 목탁으로 삼으려는

의(儀)의 봉인이 공자를 뵙고자 청하며 말했다.

"군자가 이곳에 오면 내가 만나뵙지 못한 적이 없었습니다."

공자를 모시던 제자들이 뵙도록 안내해 주었더니, 뵙고 나와서 말하였다.

"그대들은 어찌하여 공자께서 벼슬이 없음을 걱정하십니까? 천하에 도가 없어진 지 오래라, 하늘이 장차 선생님을 세상의 목탁으로 삼으려는 것입니다."

儀封人이 請見曰, 君子之至於斯也에 吾未嘗不得見也로라.
의봉인 청현왈 군자지지어사야 오미상부득현야

從者見之한대 出 曰, 二三子는 何患於喪乎리오?
종자현지 출 왈 이삼자 하환어상호

天下之無道也久矣라 天將以夫子爲木鐸이시리라.
천하지무도야구의 천장이 자위목탁

儀封人 : 봉토의 경계를 관리하는 관직 이름. 儀는 지명임.
爲木鐸 : 목탁으로 삼다. 목탁은 나라의 정령(政令)을 알릴 때에 길에서 흔들어 소리를 내는 쇠방울.

더없이 아름다움을 다하고

공자께서 순(舜) 임금의 악고인 소(韶)에 대해 말씀하셨다.
"더없이 아름다움을 다하고 또 착함을 다했다."
또 주(周)나라 무왕(武王)의 악곡인 '무(武)'에 대하여도 말씀하셨다.
"아름다움을 다하고 착함은 다하지 못했다."
(은나라의 주왕을 친 무왕이 아직은 천하를 태평으로 이끌지 못했으므로, 여기에서 美는 이룬 결과를 말하고, 善은 그 동기와 과정을 말한다.)

子謂韶하시되, 盡美矣요! 又盡善也라 하시고!
자 위 소 진 미 의 우 진 선 야

謂武하시되, 盡美矣요! 未盡善也라 하시다!
위 무 진 미 의 미 진 선 야

韶 : 순(舜)임금 때의 악곡으로 당시의 태평성대를 구가한 것.
武 : 주나라 무왕(武王) 때의 악곡 이름. 무왕이 은나라 주왕을 치고 주나라를 세운 공적을 찬양한 노래.

해설 순임금은 요임금에게서 천하를 물려받고 이것을 다시 우임금에게 물려주었다. 순임금의 그러한 일생을 음악에 실어 나타낸 것이 '소'라는 악곡이었다. 그러므로 그 이상 아름다울 수도 착할 수도 없는 일이었다. 공자는 이 악곡을 들으며 석 달 동안 고기 맛을 몰랐다고 한다.

무왕은 은나라 주(紂)를 무찌르고 주(周)나라를 창건한 사람이다. 그가 세운 공은 찬란하지만, 혁명(革命)이란 방법을 택하지 않으면 안 되었던 그 과정은 완전히 착한 일은 될 수 없었다.
그러므로 공은 아름다워도 동기와 과정만은 완전히 착한 것이[至善] 될 수 없었던 것이다.

※ 백이와 숙제는 주나라 곡식을 먹지 않으려고 수양산에서 굶어죽었다.

장례에 나아가 애도하지 않으면

공자께서 말씀하셨다.
"윗자리에 있으면서 너그럽지 못하고 예를 행하되 경건하지 못하고, 장례식에 나아가 슬픔을 느끼지 않는 인간은 아무 소용이 없는 한심스러운 인간이다."

子曰, 居上不寬하며 爲禮不敬하며
자 왈 거 상 불 관 위 례 불 경

臨喪不哀면 吾何以觀之哉리오?
임 상 불 애 오 하 이 관 지 재

해설 당시 상류사회의 생활기풍을 개탄한 내용이다. 고위 공직에 있으면서 아랫사람에게 너그럽지 못하고, 예를 행함에는 공경심이 없으므로 허례에 지나지 않는 것이다. 그리고 남의 장례식에 참석해서는 애통해 하는 마음이 없으므로 그저 체면치레로 얼굴이나 내미는 정도이다. 그러나 사람으로서 관대함과 공경심과 애도하는 마음이 없고 예를 모른다면 스스로 인간임을 포기하는 것이다. 따라서 사람은 경건하게 천리를 받들고 실천해야 한다.

제4편
리인里仁

리인(里仁)의 里는 동사로 '살다, 처하다, ~에 있다'의 뜻. 里仁은 '인에 산다, 인에 처하다'로 풀이한다. 즉 '자신의 몸이나 마음을 인의 경지에 있게 한다'는 뜻이다. 한마디로 인(仁)이라고 하지만, 그 속에는 '인심(仁心)·인행(仁行)·인덕(仁德)'이 다 포함되어 있다.

'리인(里仁)'은 '어진 마음을 지니고 어질게 행동하고 인덕을 세우다'의 뜻을 다 포함하고 있다.

공자의 근본 사상인 인덕(仁德)에 관한 내용이 주류를 이룬다. 모두 26장으로 되어 있다.

인자(仁者)가 살고 있는 마을

공자께서 말씀하셨다.

"사람이란 환경에 감화되게 마련이므로, 인후(仁厚, 친절)한 마을에서 사는 것은 아름다운 일이다. 인(仁)한 마을을 잘 선택하여 거처하지 않는다면 어찌 지혜롭다 하겠는가?"

子曰, 里仁爲美하니 擇不處仁이면 焉得知리오?
자 왈 리 인 위 미 택 불 언 득 지

里仁 : 마을 인심이 좋음. 里는 사는 마을.

해설 주자는 '자기가 거처할 마을을 택하여 살면서, 자신이 인에 처하지 않는다면 곧 시비를 분별하는 본심을 잃을 것이 되며, 따라서 지혜를 얻었다고 할 수 없다'고 하였다. 공자가 최고의 덕목으로 내세운 인(仁) 속에는 여러 가지 많은 덕목(德目)이 포함되어 있다. 특히 최고의 덕목인 '큰 인' 속에는 '지(知)·인(仁)·용(勇)'을 다 갖춘 군자(君子)라야 한다. '착하고 정에 약하고 비행동적인 사람'은 참다운 인자가 될 수 없다. '총명하고 적극적으로 남을 사랑하고 정의를 과감하게 실천하는 사람'이라야 비로소 인자라 할 수 있다.

어질고 지혜로운 사람

공자께서 말씀하셨다.

"마음이 어질지 못한 사람은 오랫동안 역경에 이겨내지 못하고, 또

오랫동안 안락하게 지내지도 못한다. 어진 사람은 인(仁)에 안주하고 지혜로운 사람은 인(仁)을 이롭게 여겨 이용한다."

子曰, 不仁者는 **不可以久處約**이며 **不可以長處樂**이니
자왈 불인자 불가이구처약 불가이장처락

仁者는 **安仁**하고 **知者**는 **利仁**이니라.
인자 안인 지자 리인

仁 : 공자의 도덕적 이상으로서 '이성애(理性愛)'라는 말에 가까운 뜻을 지닌다.
知者利仁 : 슬기롭고 지혜로운 사람은 인을 이용한다. 곧 인을 행하는 것이 좋고 이롭다는 것을 알고 인을 행해서 득을 본다.

사람을 사랑할 줄 아는 사람

공자께서 말씀하셨다.
"오직 어진 사람[인자(仁者)]만이 (참되게) 사람을 사랑할 줄도 알고, 또한 미워할 줄도 안다."

子曰, 惟仁者이 **能好人**하며 **能惡人**이니라.
자왈 유인자 능호인 능오인

끊임없이 인(仁)에 뜻을 둔다면

공자께서 말씀하셨다.
"끊임없이 인(仁)에 뜻을 둔다면 악한 일은 하지 않을 것이다."

子曰, 苟志於仁矣면 無惡也이니라.
자왈 구지어인의 무악야

군자가 인(仁)을 떠난다면

공자께서 말씀하셨다.

"부유함과 귀함은 누구나 탐내는 바지만, 정당한 방법으로 얻은 것이 아니면 누리지 마라. 가난함과 천함은 누구나 싫어하는 바지만, 부당하게 그렇게 되었다 하더라도 구태여 마다하지 마라. 군자가 인(仁)을 떠난다면 어디에서 명예를 이루겠는가? 군자는 밥 한 끼 먹는 짧은 시간에도 인(仁)을 어기지 말아야 하고, 아무리 다급한 때라도 반드시 인에 근거해야 하며, 위태로운 순간일지라도 반드시 인에 근거해야 한다."

子曰, 富與貴 是人之所欲也나
자왈 부여귀 시인지소욕야

不以其道得之어든 不處也하며
불이기도득지 불처야

貧與賤 是人之所惡也나 不以其道得之라도 不去也니라.
빈여천 시인지소오야 불이기도득지 불거야

君子去仁이면 惡乎成名이리오?
군자거인 오호성명

君子無終食之間違仁이니
군자무종식지간위인

造次에 必於是하며 顚沛에 必於是니라.
조차 필어시 전패 필어시

해설 군자는 '수사선도(守死善道)'해야 한다. 생명을 걸고 절대선의 인도(仁道)를 지키고 또 항상 어디에서나 인덕(仁德)을 세우도록 애써야 한다. 비록 곤궁한 처지에 떨어져도 악덕에 굴복하거나 타협하지 말고 안빈낙도(安貧樂道)하며, 인도(仁道)를 지키고 인덕(仁德)을 높이는 의연한 자세를 견지해야 한다.

참으로 인을 좋아하는 사람

공자께서 말씀하셨다.

"나는 지금까지 참으로 인을 좋아하는 사람이나 인하지 않음을 싫어하는 사람을 보지 못했다. 인을 좋아하는 사람은 더할 나위없이 좋지만, 인하지 않음을 싫어하는 사람도 그가 인을 행함에 있어 인하지 않은 사람이 자신에게 영향을 미치도록 하지 않는다. 단 하루라도 힘을 쏟아 인을 행하려고 했는데, 힘이 모자라서 인을 이루지 못한 그런 사람을 나는 아직 보지 못했다. 그런 사람이 있을 법도 하나, 나는 아직 보지 못했다."

子曰, 我未見好仁者와 惡不仁者로라. 好仁者는 無以尚之오
자왈 아미견호인자 오불인자 호인자 무이상지

惡不仁者는 其爲仁矣에 不使不仁者로 加乎其身이니라.
오불인자 기위인의 불사불인자 가호기신

有能一日에 用其力 於仁矣乎아? 我未見力不足者로라.
유능일일 용기력 어인의호 아미견력부족자

蓋有之矣어늘 我未之見也로다.
개유지의 아미지견야

그 사람의 인덕을 알 수 있다

공자께서 말씀하셨다.

"사람의 과실에는 저마다의 유형이 있다. 그러므로 과실만 보고도 그 사람의 인덕을 알 수 있다."

子曰, 人之過也는 各於其黨이니 觀過에 斯知仁矣니라.
자왈 인지과야 각어기당 관과 사지인의

참다운 도(道)를 묻고

공자께서 말씀하셨다.

"아침에 참다운 도(道)를 묻고, 들어서 깨달으면 저녁에 죽어도 한이 없을 것이다."

子曰, 朝聞道면 夕死라도 可矣니라.
자왈 조문도 석사 가의

※ 공자의 불타는 구도심(求道心)에서 우러나온 말씀으로, 공자가 공리(公利)를 떠나서 살았음을 여실히 보여 준다.

선비로서 도에 뜻을 두고도

공자께서 말씀하셨다.

"모름지기 선비로서 도에 뜻을 두고도 나쁜 옷과 나쁜 음식을 부끄럽게 여긴다면 더불어 도를 논할 수 없다."

子曰, 士志於道 而恥惡衣惡食者는 未足與議也니라.
자왈 사지어도 이치악의악식자 미족여의야

士 : 선비. 옛날에는 신분을 제후(諸侯, 군주)·경(卿)·대부(大夫)·사(士)·서인(庶人)으로 나누었다.

군자는 의로움만을 따른다

공자께서 말씀하셨다.

"군자는 천하에서 반드시 그렇게 해야 한다고 고집하는 것도 없고, 절대로 해서는 안 된다고 하는 것도 없으며, 오직 의로움만을 따를 뿐이다."

子曰, 君子之於天下也에 無適也하며
자왈 군자지어천하야 무적야

無莫也하여 義之與比니라.
무막야 의지여비

해설 군자는 모든 사람이나 사물을 공평무사하게 보고 또 처리한다. 사사로운 감정이나 이해관계에 매이면 자연히 시야가 편협하게 되고, 또 편파적 고집이나 주장을 하게 마련이다. 군자는 항상 대도(大道)와 대의명분(大義名分)을 밝힌다. 그러므로 도를 기준으로 옳고 그름을 결정하며, 따라서 사람이나 이해에 따라 편협한 주장이나 고집을 세우지 않는다.

군자는 덕을 생각하고

공자께서 말씀하셨다.

"군자는 덕을 생각하고 소인은 땅을 생각하며, 군자는 형벌을 생각하고 소인은 은혜만 생각한다. 군자는 남의 아름다움을 이룩해 주고 남의 악한 것을 이룩해 주지 않으며, 소인은 이와 정반대이다."

子曰, 君子는 懷德하고 小人은 懷土하며
자왈 군자 회덕 소인 회토

君子는 懷刑하며 小人은 懷惠니라.
군자 회형 소인 회혜

君子成人之美하고 不成人之惡하며 小人反是니라.
군자성인지미 불성인지악 소인반시

君子 : 학덕을 겸비하고 덕치(德治)에 참여하는 선비.
小人 : 일반 백성. 자기 혼자만의 물질적 이득을 구하는 사람.

이익에 따라 행동하면

공자께서 말씀하셨다.

"이익에 따라 행동하면 원한을 사는 일이 많아진다."

子曰, 放於利而行이면 多怨이니라.
자왈 방어리이행 다원

해설 자신의 이익만을 취하면 남들과 상충하고

서로 싸우게 마련이다. 사리사욕(私利私慾)에 눈이 멀어서 잔인하게 남을 밀어내고 나만의 이득을 취하면 많은 사람의 원한을 산다.

공자께서 말씀하셨다.

"눈앞의 이득을 보면, 의를 생각하라(見利 思議)."

인자(仁者)나 군자(君子)는 나만의 물질적인 이득보다 모든 사람을 잘살게 하는 인덕(仁德)을 앞세운다.

예의와 겸양으로 나라를

공자께서 말씀하셨다.

"예의와 겸양으로 나라를 다스릴 수 있다면 아무런 문제가 없다. 그러나 예와 겸양으로써 나라를 다스리지 못한다면 형식적인 예만 가지고 어찌하겠느냐?"

子曰, 能以禮讓이면 爲國乎에 何有며
자 왈 능 이 예 양 위 국 호 하 유

不能以禮讓爲國이면 如禮何리오?
불 능 이 예 양 위 국 여 례 하

남이 알아줄 정도가 되도록

공자께서 말씀하셨다.

"지위가 없음을 걱정하지 말고 자리가 생겼을 때 어떻게 그 지위에 머무를 것인가를 걱정해야 하며, 자기를 알아주지 않는 것을 걱정하지 말고 남이 알아줄 정도가 되도록 노력해야 한다."

子曰, 不患無位요 患所以立하며
자 왈 불 환 무 위 환 소 이 립

不患莫己知오 求爲可知也니라.
불 환 막 기 지 구 위 가 지 야

충(忠)과 서(恕)

공자께서 말씀하셨다.
"삼아! 나의 도는 하나로 관통된다."
증자가 대답하였다.
"예."
공자께서 나가시자 문인들이 물었다.
"무슨 말씀입니까?"
증자가 말했다.
"선생님의 도는 충(忠)과 서(恕)일 따름이다."

子曰, 參乎아! 吾道는 一以貫之니라.
자 왈 삼 호 오 도 일 이 관 지

曾子曰, 唯라!
증 자 왈 유

子出이어시늘 門人이 問曰, 何謂也이까?
자 출 문 인 문 왈 하 위 야

曾子曰, 夫子之道는 忠恕而已矣니라.
증 자 왈 부 자 지 도 충 서 이 이 의

參 : 증자(曾子)의 이름. 자는 자여(子輿).
忠恕 : 충은 자기의 참된 마음에 호소한다는 뜻이고, 서는 남을 내몸같이 용서하여 사랑한다는 뜻. '진심에서 우러나온 동정에 의한 사랑의 실천'이란 의미를

지니고 있다.

해설 공자는 일관된 도리를 강조하고 있다. 그것은 다름아닌 인(仁)이다. 이 인(仁)을 그는 사람을 사랑하는 것(愛人)이라고 했고, 자기의 사욕을 누르고 예로 돌아가는 것(克己復禮)이라고 하였으며, 또한 내가 원치 않는 것을 남에게 베풀지 말라(己所不欲 而施於人)고 하였다. 그리고 공자의 수제자 증자는 인(仁)을 충서(忠恕)로 풀이하고 있다. 충(忠)은 자기의 도리를 다하는 것이요, 서(恕)는 나의 처지로 미루어 남의 입장을 이해하며 관용을 베푼다는 뜻이다.

군자는 의를 밝히고

공자께서 말씀하셨다.
"군자는 의를 밝히고, 소인은 이(이익)를 밝힌다."

子曰, 君子는 喩於義하고 小人은 喩於利니라.
자 왈 군자 유어의 소인 유어리

그와 같이 되기를 생각하고

공자께서 말씀하셨다.
"어진 사람을 보면 그와 같이 되기를 생각하고, 어질지 못한 사람을 보면 자신 또한 그렇지 않은지 스스로 깊이 반성한다."

子曰, 見賢思齊焉하며
자 왈 견현사제언

見不賢而內自省也니라.
견 불 현 이 내 자 성 야

부모님께 잘못이 있더라도

공자께서 말씀하셨다.

"부모를 섬김에 있어 부모님께 잘못이 있더라도 은밀하고 조심스럽게 간하며, 설혹 나의 뜻이 받아들여지지 않더라도 더욱더 공경하여 부모의 뜻을 어겨서는 안 되며, 또 (간하기) 힘들더라도 원망하지 않아야 한다."

子曰, 事父母하되 幾諫이니 見志不從하고
자 왈 사 부 모 기 간 견 지 부 종

又敬不違하며 勞而不怨이니라.
우 경 불 위 노 이 불 원

부모님이 생존해 계실 때는

공자께서 말씀하셨다.

"부모님이 생존해 계실 때는 먼 곳으로 여행을 가서는 안 되며, 부득이한 일이 있어 떠나갈 때는 반드시 미리 행방을 말씀드려야 한다."

子曰, 父母在어시든 不遠遊하며 遊必有方이니라.
자 왈 부 모 재 불 원 유 유 필 유 방

遊 : 유람하듯이 여행을 떠나는 것을 의미한다.
方 : 부모님께 미리 말씀드리는 행방을 의미한다.

부친이 하시던 도를(방법을)

공자께서 말씀하셨다.
"삼년상(喪)을 지내는 동안 부친이 하시던 도를(방법을) 고치지 않아야 가히 효성스럽다고 할 수 있다."

子曰, 三年을 無改於父之道라야 可謂孝矣니라.
자 왈 삼 년 무 개 어 부 지 도 가 위 효 의

三年 : 삼년상(三年喪)을 의미한다.

부모님의 연세를 잘 기억해야

공자께서 말씀하셨다.
"부모님의 연세를 잘 기억해야 한다. 부모님의 연세를 알고 있으면 한편으로는 부모님이 장수하심을 알게 되어 기쁘고, 한편으로는 부모님이 늙어가심을 알게 되어 두렵기만 하다."

子曰, 父母之年은 不可不知也니 一則以喜오 一則以懼니라.
자 왈 부 모 지 년 불 가 부 지 야 일 즉 이 희 일 즉 이 구

옛 사람들이 말을 함부로

공자께서 말씀하셨다.
"옛 사람들이 말을 함부로 하지 않은 것은, 자신의 실천이 따르지 못할 것을 부끄러워했기 때문이다."

子曰, 古者에 言之不出은 恥躬之不逮也니라.
자 왈 고 자 언 지 불 출 치 궁 지 불 체 야

자신의 행동을 절제하고

공자께서 말씀하셨다.
"자신의 행동을 절제하고 단속함으로써 실패한 경우는 거의 없다."

子曰, 以約失之者鮮矣니라.
자 왈 이 약 실 지 자 선 의

해설 약(約)은 '조여 맨다'는 뜻이다. 개인이나 국가나 절약 검소해야 흥한다. 반대로 방심, 사치하고 모든 일을 방만하게 하면 쇠하고 망한다.

말은 어눌하되 행동하는데 있어서는

공자께서 말씀하셨다.

"군자는 말은 어눌하되 행동하는데 있어서는 민첩하고자 한다."

子曰, 君子는 欲訥於言 而敏於行이니라.
자왈 군자 욕눌어언 이민어행

訥於言 : 말을 더듬거리다. 말을 신중하게 한다는 뜻.

덕이 있는 사람은

공자께서 말씀하셨다.
"덕이 있는 사람은 외롭지 않고 반드시 이웃이 있다."

子曰, 德不孤라 必有鄰이니라.
자왈 덕불고 필유린

임금을 섬김에 있어

자유가 말하였다.
"임금을 섬김에 있어 지나치게 자주 간언을 하면 치욕을 당하게 되고, 친구간에도 지나치게 자주 충고를 하면 반드시 사이가 멀어진다."

子游曰, 事君數이면 斯辱矣요 朋友數이면 斯疏矣니라.
자유왈 사군삭 사욕의 붕우삭 사소의

子游 : 공자의 제자. 성은 언(言), 이름은 언(偃), 자는 자유. 문학에 뛰어났다.
數 : '삭'으로 읽음. 자주하다. 여러 번 되풀이하다. 빈번하다. 셀 (수), 자주 (삭).

해설 임금과 신하 및 붕우 사이는 의로써 맺어진다. 한쪽이 의를 잃으면 상호간의 관계가 성립되지 않는다. 신하는 임금에게 충간(忠諫)하고 붕우는 서로 충고(忠告)하는 것이 좋다. 그러나 상대방의 자존심이나 체면을 손상하지 않는 범위 안에서 성실하게, 동시에 담담한 태도로 해야 한다. 지나칠 정도로 자주 하거나, 상대방에게 불쾌감을 줄 정도로 끈질기게 하면 결국은 사이가 벌어지게 마련이다.

제5편
공야장公冶長

여러 사람에 대한 인물을 평한 말씀이 실려 있다. 간결하면서도 요령있는 말로 여러 사람에 대한 현명한 자질, 슬기와 지혜, 인덕과 강직 및 선악 득실을 논평하였다. 모두 27장으로 되어 있다.

사위를 삼을 만하다

공자께서 공야장을 평하여 말씀하셨다.

"그런 인물이라면 사위로 삼을 만하다. 비록 한때 포승에 묶여 감옥에 갇힌 적은 있지만 그의 죄가 아니었다."

그리고 자신의 딸을 그에게 시집보내셨다.

또 공자께서 남용을 평하여 말씀하셨다.

"나라에 도의가 있을 경우에는 버림을 받지 아니하고, 나라에 도의가 없어도 형벌과 죽음을 면할 만한 사람이다."

그리고 형님의 딸, 조카를 그의 처로 삼게 하였다.

子謂公冶長하시되, 可妻也로라. 雖在縲絏之中이나
자 위 공 야 장 가 처 야 수 재 류 설 지 중

非其罪也라 하시고. 以其子妻之하시다.
비 기 죄 야 이 기 자 처 지

子謂南容하시되 邦有道에 不廢하며
자 위 남 용 방 유 도 불 폐

邦無道에 免於刑戮이라 하시고 以其兄之子로 妻之하시다.
방 무 도 면 어 형 륙 이 기 형 지 자 처 지

公冶長 : 공자의 제자. 노나라 사람으로 성은 公冶. 이름은 장(長), 자는 자장(子長).

南容 : 공자의 제자. 성은 남궁(南宮), 이름은 괄(适), 일명 도(縚), 자는 자용(子容), 남용은 남궁자용(南宮子容)을 줄여 부른 것임. 사람됨이 신중했다고 함.

兄之子 : 형님의 딸. 공자의 아버지 숙량흘은 시씨(施氏)와의 사이에서 딸 아홉을 얻고, 첩의 몸에서는 아들 맹피(孟皮)를 얻었다. 그리고 어린 안징재(顔徵在)와의 사이에서 공자를 낳았다. 맹피는 공자의 이복형이다.

해설 공자의 인품은 온화하다. 그러나 인자(仁者)이므로 선악시비를 밝게 가리는 혜안이 있다. 남용은 학식이 많고 덕행이 높은 군자였다. 특히 그는 언행(言行)을 신중히 했다. 공자는 그를 난세에는 자기 한몸을 온전히 하며, 치세에는 등용이 될 만한 인재로 보았다. 그리하여 이복형 맹피의 딸을 그에게 시집보낸 것이다.

군자라고 말할 수 있다

공자께서 자천을 평하여 말씀하셨다.

"이런 사람이야말로 군자라고 말할 수 있다. 그러나 노나라에 군자가 없었다면, 그가 어찌 그렇게 학문과 덕행을 터득했겠느냐?"

子謂子賤하시되, 君子哉라 若人이여!
자위자천　　　군자재　약인

魯無君子者면 斯焉取斯리오?
노무군자자　사언취사

子賤 : 노나라 사람, 공자의 제자. 성은 복(宓), 이름은 부제(不齊), 자가 자천(子賤).

자네는 훌륭한 그릇이다

공자께서 인물평을 하고 계실 때, 자공이 공자께 물었다.

"저는 어떤 사람입니까?"

공자께서 말씀하셨다.

"자네는 훌륭한 그릇이다."

"무슨 그릇입니까?"
"호련이다."

子貢問曰, 賜也는 何如하니이까?
자 공 문 왈 사 야 하 여

子曰, 女器也니라.
자 왈 여 기 야

曰, 何器也니이까?
왈 하 기 야

曰, 瑚連也니라.
왈 호 련 야

賜何如 : 자공(子貢)의 이름.
賜也 : 자공이 자신의 이름을 대고 "사는 어떻습니까?"하고 질문했다.
瑚連 : 종묘에서 서직(黍稷)을 담는 제기. 보통 훌륭한 인재를 비유하는 말로 쓰인다.

해설 자공(子貢)은 언변(言辯)이 뛰어났고 이재(理財)에 밝았다. 그래서 공자는 사(賜)는 통달했으니, 정치에 종사해도 아무 걱정이 없다(賜之達乎 於從政乎何有).고 말한 바 있다.

여기서도 공자는 "너는 종묘 제사에서 쓰이는 호련 같은 좋은 그릇이다"라고 칭찬했다. 즉 높은 벼슬에 올라, 귀하게 쓰일 것이라는 뜻이다. 그러나 공자는 "군자는 기물 같은 존재가 아니다(君子不器)."라고 말한 바도 있다. 즉 군자는 원리원칙을 운영하는 지도자가 되어야 한다. 기물같이 남에게 쓰이는 기능적인 존재가 되지 말라는 뜻이었다. 공자의 인물평은 솔직하고 가혹하다. 그러나 기물치고는 최고의 기물이 된다고 섭섭지 않게 칭찬해 주었다.

말재주가 무슨 소용이 있는가

어떤 사람이 말하였다.

"옹은 어질지만 말재주가 없습니다."

공자께서 말씀하셨다.

"말재주가 무슨 소용이 있는가? 그럴 듯한 말재주로 사람들을 대하면 점점 더 다른 사람들의 미움을 받게 된다. 나는 옹의 인덕에 대해서는 모르겠다. 그러나 어찌 말 잘할 필요가 있겠는가?"

或曰, **雍也**는 **仁而不佞**이로다.
혹왈 옹야 인이부녕

子曰, **焉用佞**이리오? **禦人以口給**하여
자왈 언용녕 어인이구급

屢憎於人하나니. **不知其仁**이어니와 **焉用佞**이리오?
루증어인 부지기인 언용녕

雍 : 노나라 사람으로 공자의 제자. 성은 염(冉), 자는 중궁(仲弓), 雍은 그의 이름.

저는 아직 그 일을

공자께서 칠조개에게 벼슬살이를 시키려 하자, 그가 말하였다.

"저는 아직 그 일을 감당할 자신이 없습니다."

그러자 공자께서 몹시 기뻐하셨다.

子使漆雕開로 **仕**하신대 **對曰**,
자사칠조개 사 대왈

吾斯之未能信이로소이다. 子說하시다.
오 사 지 미 능 신 자 열

漆雕開 : 노나라 사람, 공자의 제자. 성은 칠조(漆雕), 이름은 계(啓), 자는 자개(子開). 공부에 몰두하고 벼슬에 나가지 않았다.
說 : 기뻐하다, 즐거워하다. 말씀 (설), 기쁠 (열), 달랠 (세), 벗을 (탈).

뗏목을 타고 바다로 나간다면

공자께서 말씀하셨다.
"도가 행해지지 않아 뗏목을 타고 바다로 나간다면 나를 따라올 사람은 아마도 유(由)일 것이다."
자로가 이 말을 듣고 기뻐하자 공자께서 말씀하셨다.
"자로는 용맹을 좋아함이 나를 능가하지만, 사리를 분별할 줄 모른다."

子曰, 道不行이라 乘桴하여 浮於海하리니
자 왈 도 불 행 승 부 부 어 해

從我者는 其由與인저! 子路聞之하고 喜한대
종 아 자 기 유 여 자 로 문 지 희

子曰, 由也는 好勇過我하니 無所取材니라.
자 왈 유 야 호 용 과 아 무 소 취

由 : 공자의 제자. 자로(子路)의 이름.

인덕이 있는지는 모르겠소

맹무백이 물었다.

"자로는 인덕(仁德)이 있습니까?"

선생님께서 대답하셨다.

"모르겠소."

그가 다시 물으니 선생님께서 말씀하셨다.

"유는 제후의 나라의 군무를 맡을 수 있으나 그가 인덕이 있는지는 모르겠소."

"구는 어떤 사람입니까?"

선생님께서 말씀하셨다.

"구는 천 호의 고을이나 경대부의 집에서 읍장이나 가재 노릇을 할 만하나, 인덕이 있는지는 모르겠소."

"적은 어떤 사람입니까?"

선생님께서 말씀하셨다.

"적은 의관을 갖추고 조정에 서서 빈객들을 접대할 만은 하지만, 그가 어진지 어떤지는 잘 모르겠소."

孟武伯이 問子路는 仁乎이까. 子曰, 不知也로라.
맹 부 백　문 자 로　인 호　자 왈　부 지 야

又問한대 子曰, 由也는 千乘之國에 可使治其賦也어니와
우 문　자 왈　유 야　천 승 지 국　가 사 치 기 부 야

不知其仁也케라. 求也는 何如하나이까.
부 지 기 인 야　구 야　하 여

子曰, 求也는 千室之邑과 百乘之家에 可使爲之宰也어니와
자 왈　구 야　천 실 지 읍　백 승 지　가 사 위 지 재 야

不知其仁也케라. 赤也는 何如하니이까?
부지기인야 적야 하여

子曰, 赤也는 束帶立於朝하여 可使與賓客言也어니와
자왈 적야 속대립어조 가사여 언야

不知其仁也케라.
부지기인야

孟武伯 : 맹의자(孟懿子)의 아들. 이름은 체(彘), 武는 시호. 당시의 권력자.
治賦 : 병사(兵事)·부역·조세에 관한 업무를 다스림.
求 : 공자의 제자 염구.
宰 : 장(長). 읍재(邑宰). 가재(家宰).
赤 : 공자의 제자. 노나라 사람. 성은 공서(公西), 자는 자화(子華). 赤은 그의 이름.

하나를 들으면 열을 알지만

공자께서 자공에게 말씀하셨다.
"너와 안회는 누가 더 나으냐?"
"제가 어찌 감히 안회와 견주기를 바라겠습니까? 안회는 하나를 들으면 열을 알지만, 저는 하나를 들으면 둘을 알 뿐입니다."
공자께서 말씀하셨다.
"안회만 못하리라. 너와 나는 다같이 그만 못하니라."

子謂子貢曰, 女與回也로 孰愈오?
자위자공왈 여여회야 숙유

對曰, 賜也는 何敢望回리이까?
대왈 사야 하감망회

回也는 聞一以知十하고, 賜也는 聞一以知二하노이다.
회야 문일이지십 사야 문일이지이

子曰, 弗如也니라. 吾與女의 弗如也하니라.
자왈 불여야 오여여 불여야

回 : 안회(顏回)를 말한다. 안연(顏淵).
賜 : 자공(子貢)이 자신의 이름을 1인칭대명사 대신 사용한 것.

해설 안연이나 자공은 다 공문(孔門) 십철(十哲)에 드는 수제자다. 자공(子貢)은 구변이 좋고 돈벌이를 잘하는 현실주의자였다. 이와 대조되는 제자가 안빈낙도(安貧樂道)하는 안회(顏回)였다. 공자는 자공에게 물었다. "너하고 안회 둘 중에, 누가 낫다고 생각하느냐?" 그러자 자공이 재치있게 대답했다. "제가 어찌 안회를 따르겠습니까? 안회는 하나를 들으면 열을 압니다. 그러나 저는 하나를 들으면 둘을 알 뿐입니다." 즉 자기가 못하다는 것을 자인한 것이다. 그러자 공자가 "너만이 아니다. 나도 안연을 못 따라간다."라고 말하며, 솔직하게 대답한 자공을 칭찬할 겸 위로해 주었다.

썩은 나무에는 조각할 수 없고

재여가 낮잠을 자고 있자, 공자께서 말씀하셨다.

"썩은 나무에는 조각할 수 없고, 더러운 흙으로 쌓은 담장은 흙손질을 해도 소용이 없다. 재여 같은 인간을 나무라서 무엇하겠는가?"

또 공자께서 말씀하셨다.

"처음에 나는 남을 대할 때, 그의 말을 듣고 그 행실을 믿었는데, 이제 나는 남을 대할 때, 그의 말을 듣고서도 그의 행실을 살펴보게 되었다. 재여로 인해, 내가 이렇게 사람 대하는 태도를 고치게 된 것이다."

宰予晝寢이어늘 子曰, 朽木은 不可雕也며
재예주침 자왈 후목 불가조야

糞土之牆은 不可杇也니 於予與에 何誅리오?
분토지장 불가오야 어예여 하주

子曰, 始吾於人也에 聽其言而信其行이러니 今吾於人也에
자왈 시오어인야 청기언이신기행 금오어인야

聽其言而觀其行하노니 於予與改是로라.
청기언이관기행 어예여개시

宰予 : 공자의 제자. 자는 자아(子我). 여(予)는 이름. 언어와 임기응변에 뛰어났으나 공자는 그를 책망했다.

※ 후목분장(朽木糞牆) : '조각할 수 없는 썩은 나무와 고쳐 칠할 수 없는 썩은 담.' 곧 정신이 썩은 쓸모없는 사람의 비유.

강직한 사람을 보지 못했다

공자께서 말씀하셨다.
"나는 아직 강직한 사람을 보지 못했다."
어떤 사람이 대답하였다.
"신정이 강직합니다."
그러자 공자께서 말씀하셨다.
"신장은 탐욕스러운데 어찌 강직하다고 할 수 있겠느냐?"

子曰, 吾未見剛者로다. 或對曰, 申棖이니이다.
자왈 오미견강자 혹대왈 신정

子曰, 棖也는 慾이어니 焉得剛이리오.
자왈 정야 욕 언득강

申棖 : 노나라 사람. 공자의 제자.

해설 공자가 말하는 강자(剛者)는 굳게 인도(仁道)를 지키고, 또 살신성인(殺身成仁)하는 사람의 뜻이다.

억지로 가하는 것을 원치 않고

자공이 말하였다.

"저는 남이 억지로 가하는 것을 원치 않고, 저 또한 남에게 억지로 가하고자 원치도 않습니다."

공자께서 말씀하셨다.

"사야, 그것은 네가 해낼 수 있는 바가 아니다."

子貢曰, 我不欲人之加諸我也하고 吾亦欲無加諸人하나이다.
자공왈 아불욕인지가제아야 오역욕무가제인

子曰, 賜也아 非爾所及也니라.
자왈 사야 비이소급야

해설 공자는 "내가 원치 않는 것을 남에게 시키지 않는다(己所不欲勿施於人)."고 말했다. 소극적인 인(仁)에 해당하는 서(恕)를 말한 것이다. 자공의 말도 '서'에 해당한다. 그러나 공자는 '너는 아직 멀었다.'라고 그의 분발을 촉구했다.

인간의 본성과 천도

자공이 말하였다.
"선생님의 여러 가르침을 들을 수는 있었지만, 선생님께서 인간의 본성과 천도에 대해 말씀하시는 것은 들을 수가 없었다."

子貢曰, 夫子之文章은 可得而聞也어니와
자 공 왈 부 자 지 문 장 가 득 이 문 야

夫子之言性與天道는 不可得而聞也니라.
부 자 지 언 성 여 천 도 불 가 득 이 문 야

文章 : 전적(典籍)만이 아니라, 예(禮)와 악(樂)을 비롯한 문물이나 의용(義勇)까지를 포함한다.

하나의 가르침을 듣고

자로는 하나의 가르침을 듣고 그것을 아직 실행하지 못했으면, 또 다른 새로운 가르침 듣기를 두려워했다.

子路는 有聞이요, 未之能行하여선 唯恐有聞하더라.
자 로 유 문 미 지 능 행 유 공 유 문

子路 : 공자가 사랑하는 수제자. 지나칠 정도로 과감한 행동파였다.

배우기를 좋아하였고

자공이 물었다.

"공문자에게는 어찌하여 '문(文)'이라는 시호를 붙였습니까?"

공자께서 말씀하셨다.

"그는 영민하면서도 배우기를 좋아하였고, 자기보다 못한 아랫사람에게 묻는 것을 부끄럽게 여기지 않았다.

그 때문에 그의 시호를 문(文)이라 한 것이다."

子貢問曰, 孔文子를 何以謂之文也니이까?
자공문왈 공문자 하이위지문야

子曰, 敏而好學하며 不恥下問이라 是以謂之文也니라.
자왈 이호학 불치하문 시이위지문야

孔文子 : 위(衛)나라의 대부 공어(孔?). 그는 욕심이 많고 충성심이 부족한 인물이었음에도 불구하고 文이라는 가장 높은 시호를 받았다.

군자의 도(道)

공자께서 자산을 평가하여 말씀하셨다.

"그는 군자의 도를 네 가지 갖추고 있었다. 즉 몸가짐이 겸허하였고, 윗사람 섬김에는 공경스러웠으며, 백성을 기름에는 은혜로웠고, 백성을 부림에는 올바른 방도로 하였다."

子謂子產하시되 有君子之道四焉이니 其行己也恭하며
자위자산 유군자지도 언 기행기야

其事上也敬하며 其養民也惠하며 其使民也義니라.
기 사 상 야 경　　기 양 민 야 혜　　기 사 민 야 의

子産 : 정나라의 재상이요, 명신으로 그 치적이 훌륭하였음. 성은 공손(公孫), 이름은 교(僑), 자산은 그의 자임. 공자의 나이 30세 때 세상을 떠남.

해설 자산은 약소한 정나라의 재상으로 어진 정치를 베풀어 여러 나라의 모범이 되었다. 겸허한 몸가짐과 인재 등용, 백성의 살림에 대한 육성책, 부역의 합리적인 부과 등 그의 덕정(德政)에는 교훈 삼을 만한 것이 많았다. 그는 당시 제나라의 안영, 진(晋)나라의 숙향 등의 명재상과 어깨를 나란히 하는 정치인이었다. 자산의 덕치주의에 공감했던 공자는 그의 부음을 듣고는 눈물을 흘렸다고 한다.

다른 사람과 사귀기를 잘하여

공자께서 말씀하셨다.

"안평중은 다른 사람과 사귀기를 잘하여 사귄 지 오래되어도 남을 잘 공경하였다."

子曰, 晏平仲은 善與人交로다 久而敬之오녀.
자 왈　안 평 중　선 여 인 교　　구 이 경 지

晏平仲 : 공자와 같은 시대 사람, 제(齊)나라의 대부, 안영(晏?). 平은 시호, 仲은 항렬. 실용주의 정치가.

어찌 지혜롭다 하겠는가?

공자께서 말씀하셨다.

"장문중은 집에 채 지방에서 나는 큰 거북을 기르며, 기둥 끝에는 산을 아로새기고, 동자기둥에는 수초를 그렸으니 어찌 그를 지혜롭다 하겠는가?"

子曰, 藏文仲이 **居蔡**하되 **山節**하며 **藻梲**하니
자 왈 장 문 중 거 채 산 절 조 절

何如其知也리오?
하 여 기 지 야

藏文仲 : 노(魯)나라의 대부 장손진(藏孫辰). 文은 시호, 仲은 항렬. 공자와 동시대 사람.

蔡 : 채 지방에서 나는 점을 칠 때, 사용하는 커다란 거북이.

山節 : 기둥 끝에 산 모양을 새김. 節은 기둥머리. 주두(柱頭).

藻梲 : 동자기둥에 수초를 그린다. 梲은 동자기둥 (절), 지팡이 (탈). 산절(山節)과 조절(藻梲) : 큰 거북을 기르는 집의 내부 장식을 일컫는 말이다.

어찌 인을 얻었다 하겠는가?

자장(자공)이 물었다.

"영윤인 자문은 세 번이나 벼슬에 나가 영윤이 되었으되 기뻐하는 기색이 없었고, 세 번이나 벼슬을 그만두게 되었어도 성내는 기색이 없었으며, 또한 자리를 물릴 때에는 전임 영윤의 정사를 반드시 후임 영윤에게 일러주었습니다. 그는 어떻습니까?"

공자께서 말씀하셨다.
"충성스럽구나."
"인(仁)이라 하겠습니까?"
"어떠한지는 모르겠지만 그것만 듣고서는, 어찌 인을 얻었다 하겠는가?"
자장이 또 물었다.
"최자(崔子)가 제나라의 군주를 죽였을 때, 진문자(陳文子)는 말 십승(十乘)이나 될 만한 큰 재산을 버리고 나라를 떠났습니다. 그런데 다른 나라에 가 보니 그곳 대부도 좋지 않아서 '여기도 우리나라의 최자와 같은 대부가 있다.'라고 말하고, 그곳을 떠났습니다. 또다시 다른 나라에 가보았습니다만 거기서도 역시 같은 말을 하고 떠났다고 합니다. 이 같은 인물은 어떻게 생각하시옵니까?"
공자께서 대답하셨다.
"청렴결백하다."
자장이 또다시 물었다.
"인자라고 하실 수 있겠습니까?"
공자께서 말씀하셨다.
"어떤지 알 수 없지만, 그것만 듣고서는 어찌 인을 얻었다 하겠는가?"

子張이 問曰, 令尹子文이 三仕爲令尹하되 無喜色하며
자장 문왈 영윤자문 삼사위영윤 무희색

三已之하되 無慍色하여 舊令尹之政을
삼이지 무온색 구영윤지정

必以告新令尹하니 何如하니이까?
필이고신영윤 하여

子曰, 忠矣니라. 曰, 仁矣乎이까?
자왈 충의 왈 인의호

曰, 未知로라 焉得仁이리오?
왈 미지 언득인

崔子弑齊君이어늘 陳文子有馬十乘이러니
최자시제군 진문자유마십승

棄而違之하고 至於他邦하야 則曰 猶吾大夫崔子也라 하고
기이위지 지어타방 즉왈 유오대부최자야

違之하며 之一邦하야
위지 지일방

則又曰 猶吾大夫崔子也라 하고 違之하니 何如하니이꼬?
즉우왈 유오대부최자야 위지 하여

子曰, 淸矣니라.
자왈 청의

曰, 仁矣乎이꼬?
왈 인의호

曰, 未知로라 焉得仁이리오.
왈 미지 언득인

令尹 : 초(楚)나라의 관직 이름. 군권을 장악하는 제후국의 재상.

子文 : 초나라의 대부. 성은 투(鬪), 이름은 곡(穀), 자는 오토(於菟) 또는 자문(子文). 귀족 투백비(鬪伯比)의 사생아로 어릴 때 들판에 버려졌는데 호랑이가 젖을 먹여 길렀다고 한다.

해설 인자(仁者)는 '지(智)·인(仁)·용(勇)' 삼달덕(三達德)을 갖추어야 한다. 우선 많이 배우고 바르게 알아야 한다. 절대선의 천도(天道=우주의 理法), 인간의 선본성(善本性)을 위시하여, 역사관·세계관·가치관이 확립되어야 참다운 군자, 인자가 될 수 있다.

두 번이면 된다

계문자는 세 번 생각한 후에야 실천하였다. 공자께서 이 말을 듣고 말씀하셨다.

"두 번이면 된다."

季文子三思而後에 行하더니, 子聞之하시고
계 문 자 삼 사 이 후 　 행 　 　 자 문 지

曰, 再斯可矣니라.
왈 　 재 사 가 의

季文子 : 노나라의 대부. 성은 계손씨(季孫氏), 이름은 행보(行父), 文은 그의 시호이다.

어리석은 듯한 행동은

공자께서 말씀하셨다.

"영무자는 나라에 도(道)가 행해질 때는 지혜로운 척했고, 나라에 도가 행해지지 않을 때에는 어리석은 척했다. 그의 지혜로움은 누구나 따를 수 있지만, 그 어리석은 듯한 행동은 아무나 따를 수 없느니라."

子曰, 甯武子 邦有道 則知하고 邦無道 則愚하니
자 왈 　 영 무 자 　 방 유 도 　 즉 지 　 　 방 무 도 　 즉 우

其知는 可及也어니와 其愚는 不可及也니라.
기 지 　 가 급 야 　 　 기 우 　 불 가 급 야

寗武子 : 위(衛)나라 대부. 성은 영(寗), 이름은 유(兪). 武는 그의 시호.

돌아가서 가르쳐 주자

공자께서 진나라에 계실 때 말씀하셨다.

"돌아가자! 돌아가자! 우리 고향의 젊은이들은 뜻은 크고 진취적이지만 일에 미숙하고, 훌륭한 기본은 갖추었지만 일을 바르게 재량할 줄 모른다.(그러니, 돌아가서 가르쳐 주자.)"

子在陳하사 曰, 歸與歸與인저! 吾黨之小子狂簡하여
자재진 왈 귀여귀여 오당지소자

斐然成章이요 不知所以裁之로다.
비연성장 부지소이재지

陳 : 주나라 초에 순임금의 후예를 봉해준 제후국. 지금의 하남성 남쪽에 있던 나라.

해설 공자는 56세에 노나라를 떠나 여러 나라를 방랑했으며, 68세에 돌아왔다. 사방을 주유하고 도(道)가 없음을 본 공자가, 차라리 고국에 돌아가 고국의 청년들을 교육하자는 뜻을 피력한 것이다.

백이와 숙제는

공자께서 말씀하셨다.

"백이와 숙제는 지난날의 원한을 생각지 않았다. 그러므로 이들을 원망하는 사람도 드물었다."

子曰, 伯夷叔齊는 不念舊惡이라 怨是用希니라.
자왈 백이숙제 불염구악 원시용희

伯夷叔齊 :고죽국(孤竹國)의 두 형제.

해설 형 백이와 동생 숙제는 고죽국의 왕자였다. 백이는 부왕(父王)이 평소에 동생 숙제에게 왕위를 물려주려고 하는 뜻을 잘 알고 있었으므로, 부왕 사망 후, 주(周) 문왕(文王)의 덕을 흠모하여 주나라로 갔다. 그러자 동생 숙제도 뒤따라 왔다. 고죽국에서는 결국 셋째가 왕위를 계승했다. 그러나 이들이 주나라에 갔을 때는 문왕이 죽고, 그의 아들 무왕(武王)이 은(殷)나라 주왕(紂王)을 치려고 출동하고 있었다. 이에 그들은 앞으로 나가서, 무왕의 말고삐를 잡고 말했다.

"부친의 상례도 다 마치지 않고, 군대를 동원하는 것은 불효(不孝)요, 은나라의 신하로서 임금을 치려는 것은 불충(不忠)입니다."

그러자 출동하던 주나라 군사들이 칼을 뽑아 당장에 백이 숙제를 참하려 했다. 그때에 군사(軍師) 강태공(姜太公)이 큰 소리로 "그들은 의인(義人)이다."하고 외치며 제지했으므로 살아남을 수 있었다.

그러나 백이 숙제는 주나라가 천하를 통일한 다음에도, 불의(不義)를 저지른 주나라 곡식을 먹을 수 없다 하고, 수양산에 들어가 고사리를 따먹으며 굶어 죽었다.

그들은 정의(正義)와 청백(淸白)을 대표하는 인물이다. 원래 정의감이 강하고 청렴결백한 사람은 무도한 악인을 미워하게 마련이다. 그러나 백이 숙제는 남의 악덕을 막으려고 했을 뿐, 사람 자체를 미워하거나 원망하지 않았다. 이 점을 공자가 높이 평한 것이다.

누가 정직하다고 하는가?

공자께서 말씀하셨다.

"누가 미생고를 정직하다고 하는가? 어떤 사람이 그에게 식초를 얻고자 하자, 그는 (자기 집에 식초가 없다는 사실을 이야기하기 싫어서) 이웃집에 가서 얻어다 주었다."

子曰, 孰謂微生高直고?
자 왈 숙 위 미 생 고 직

或이 乞醯焉이어늘 乞諸其鄰而與之로다.
혹 걸 혜 언 걸 제 기 린 이 여 지

微生高 : 노나라 사람. 성이 微生, 이름은 高. 일명 尾生高.

해설 미생은 『장자』 도척편과 사마천의 『사기』 소진열전에 나오는 인물이다. 그는 어느 날 여자와 다리 밑에서 만나기로 하였다. 약속 장소에 나가자 여자는 오지 않고 마침 밀물로 물이 불어나게 되었다. 그러나 고지식한 미생은 다리 밑을 떠날 수 없었다. 마침내 그는 다리기둥을 붙잡고 있다가 물에 빠져죽었다.

미생지신(尾生之信 : 미생의 신의)이라고 하면 보통 융통성이 없어 하나만 알고 둘은 모르는 어리석은 신의를 일컫는 말로 쓰인다. 미생이 식초를 얻으려고 온 사람에게 그것을 이웃에게 얻어다 준 것은 갸륵한 일이다. 그러나 공자는 자기에게 없으면 없다고 하는 것이 더욱 정직하고 떳떳한 일로 여긴 있는 것이다.

겉으로 말을 잘 꾸미고

공자께서 말씀하셨다.

"겉으로 말을 잘 꾸미고 낯빛을 부드럽게 하고, 지나치게 공손한 척하는 태도를 좌구명이 부끄럽게 여겼듯이, 나 또한 그것을 부끄럽게 여긴다. 또 속의 원한을 감추고 친한 척하는 것을 좌구명이 부끄럽게 여긴 것처럼 나도 그것을 부끄럽게 여긴다."

子曰, 巧言令色足恭을 左丘明恥之하니 丘亦恥之하노라
자왈 교언영색주공 좌구명치지 구역치지

匿怨而友其人을 左丘明恥之하니 丘亦恥之하노라.
익원이우기인 좌구명치지 구역치지

左丘明 : 성이 좌구(左丘), 이름이 명(明). 공자의 제자로 『춘추좌전(春秋左傳)』을 지었다는 설과 그렇지 않다는 설이 있다.

해설 가장된 애교를 부리거나 아첨을 하는 것은 상대를 속이고 자기의 욕구를 채우려는 술책이다. 한편 속에 품은 원한이나 노여운 감정을 숨기고, 반대로 친근하고 친애하는 척하는 태도는 상대방의 허를 찌르려는 음모라 하겠다. 복검구밀(腹劍口蜜)이란 말이 있다. 속에 칼을 품고 입으로는 달콤한 말을 흘린다. 이와 같은 이중적 행동은 비도덕적일 뿐만 아니라 범죄에 해당한다.

너희들의 소망하는 바

안연과 계로가 공자를 모시고 곁에 앉아 있었다. 공자께서 말씀하셨다.

"너희들의 소망하는 바를 각기 말해보지 않겠느냐?"

자로가 말하였다.

"좋은 말과 수레와 가벼운 가죽옷을 얻어, 벗들과 같이 나눠 쓰다가, 끝내 헐어 못쓰게 된다해도 유감스럽게 여기지 않겠습니다."

안연이 말하였다.

"착한 일을 남에게 자랑하지 않고, 남에게 힘드는 일을 강요하지 않겠습니다."

자로가 "선생님께서 원하시는 바를 듣고 싶습니다."

하자 공자께서 말씀하셨다.

"노인들을 편하게 해주고, 벗들에게는 신의를 지키며, 연소자들을 사랑으로 품고자 한다."

顔淵 季路侍러니 子曰, 盍各言爾志리오.
안연 계로시 자왈 합각언이지

子路曰, 願車馬와 衣輕裘를 與朋友共하여
자로왈 원거마 의경구 여붕우공

敝之而無憾하노이다.
폐지이무감

顔淵이 曰, 願無伐善하며 無施勞하노이다.
안연 왈 원무벌선 무시로

子路曰, 願聞子之志하노이다.
자로왈 원문자지지

子曰, 老者를 安之하며 朋友를 信之하며 少者를 懷之니라.
자왈 노자 안지 붕우 신지 소자 회지

季路 : 자로(子路).

어찌할 수 없는 세상

공자께서 말씀하셨다.

"어찌할 수 없는 세상이다. 나는 아직까지 자기의 잘못을 보고 스스로 마음속으로 자책할 수 있는 사람을 보지 못했다!"

子曰, 已矣乎라! 吾未見能見其過하고 而內自訟者也로라.
자 왈 이 의 호 오 미 견 능 견 기 과 이 내 자 송 자 야

학문을 사랑하고 도에 정진하는

공자께서 말씀하셨다.

"집이 겨우 열 가구 정도밖에 안되는 작은 마을에도 반드시 충성과 신의에 있어서는 나만한 사람이 있을 것이다. 그러나 학문을 사랑하고 도(道)에 정진(精進)하고 있다는 점에서는 나보다 나은 사람은 절대로 없다."

子曰, 十室之邑에 必有忠信如丘者焉이어니와
자 왈 십 실 지 읍 필 유 충 신 여 구 자 언

不如丘之好學也니라.
불 여 구 지 호 학 야

丘 : 공자가 자신을 지칭한 것. 不如 : 같을 수 없다.
丘之好學也 : 내가 배우기를 좋아함. 즉 나같이 배우기를 좋아하는 사람은 없다.

제6편
옹야雍也

이 편 또한 인물에 대한 평을 주로 다루고 있으나, 후반에는 공자의 학문에 대한 태도 및 인생의 행복에 대해 논한다. 특히 인(仁), 지(知) 및 군자(君子) 등에 대한 구절이 많으므로 공자의 사상을 연구하는 데 크게 도움이 될 것이다. 모두 28장으로 되어 있다.

가히 남면할 만하다

공자께서 말씀하셨다.

"옹이야말로 그는 가히 남면할 만하다."

(옹에게는 임금이 될 만한 풍채가 있다. 남쪽을 향해 앉아서 정사(政事)를 볼 수 있을 것이다.)

중궁이 자상백자(子桑伯子)의 인물에 대하여 묻자, 공자께서 말씀하셨다.

"쓸만한 인물이다. 조그마한 일에 마음을 쓰지 않고 대범하니까."

중궁이 다시 말하였다.

"몸가짐을 경건하게 하면서 소탈하고 대범한 태도로 백성들을 대한다면 이 또한 좋지 않습니까? 몸가짐도 소탈 대범하고 남에게 대하는 태도도 소탈 대범하면, 지나치게 소탈 대범하지 않겠습니까?"

공자께서 말씀하셨다.

"그대의 말이 옳다."

子曰, 雍也는 可使南面이로다.
자 왈 옹 야 가 사 남 면

仲弓이 問子桑伯子한대 子曰, 可也簡이니라.
중 궁 문 자 상 백 자 자 왈 가 야 간

仲弓이 曰, 居敬而行簡하여 以臨其民이면 不亦可乎이까?
중 궁 왈 거 경 이 행 간 이 임 기 민 불 역 가 호

居簡而行簡이면 無乃大簡乎아?
거 간 이 행 간 무 내 대 간 호

子曰, 雍之言이 然이라.
자 왈 옹 지 언 연

雍 : 공자의 제자, 성은 염(冉),자가 중궁(仲弓)이다.

南面 : 대궐에서 임금은 남쪽을 바라보고, 신하는 북쪽을 바라보고 앉는다. 지방 관청에서도 장은 남면한다. 즉 옹, 중궁은 많은 신하나 부하를 다스릴 만하다는 뜻.

子桑伯子 : 노나라 사람.

仲弓 : 염옹(冉雍)의 자(字)

배우기를 좋아했습니다

애공이 물었다.

"제자들 중에서 누가 배우기를 가장 좋아합니까?"

공자께서 대답하여 말씀하셨다.

"안회가 배우기를 좋아했습니다. 그는 다른 사람에게 화풀이를 하지 않았고 같은 잘못을 두 번 되풀이하지 않았습니다. 불행히도 죽어, 지금은 없습니다. 이제는 그런 사람이 없으니 그 후로는 아직 배우기를 좋아하는 사람이 누군지 알지 못합니다."

哀公이 問, 弟子孰爲好學이니까?
애공 문 제자숙위호학

孔子對曰, 有顔回者 好學하여 不遷怒하며 不貳過하더니
공자대왈 유안회자 호학 불천노 불이과

不幸短命死矣라. 今也則亡하니 未聞好學者也니이다.
불행단명사의 금야즉망 미문호학자야

哀公 : 노나라의 임금.

해설 공자의 제자는 약 3천 명, 육예(六藝)에 통한 자만도 72명이었다.

그 중에서도 안회(顔回)가 가장 공자의 신임과 사랑을 받았었다. 따라서 그의 죽음은 공자에게 큰 타격을 주었다.

「선진편(先進篇)」에서는 계강자(季康子)가, "제자 중에 누가 배우기를 좋아하느냐?"고 묻자, 공자는 거의 같은 말로 "유안회자호학(有顔回者好學), 불행단명사의(不幸短命死矣) 금야즉망(今也則亡)."이라고 대답했다.

배움은 곧 덕행에 이어진다. 그러므로 공자는 여기서 '불천노(不遷怒) 불이과(不貳過)'라 했고, 다음에서는 "참으로 안회는 어질도다. 한 그릇 밥과, 한 쪽박 물을 들며, 누추한 마을에 살고 있다. 남들 같으면, 그 고난을 참지 못하겠거늘, 그는 (가난해도 도를 지키는) 즐거움을 잘 간직하고 있다. 참으로 안회는 어질도다."라고 칭찬했다.

궁핍하고 몰릴 때에는 돕고

자화가 사신이 되어 제나라로 떠나가자, 염구가 자화의 모친을 위해서 곡식 주기를 청했다. 이에 공자께서 말씀하셨다.

"여섯 말 네 되를 주라."

염구가 좀더 많이 주자고 청하자, 공자가 "열여섯 말을 주어라."하고 말씀하셨다.

그러나 염구는 여든 섬을 주었다. 이에 공자가 말씀하셨다.

"자화는 제나라로 갈 때에, 살진 말을 타고, 가볍고 값진 가죽옷을 입었다. 내가 들은 바, '군자는 남의 궁핍하고 몰릴 때에는 돕고 보태주되, 부유하게 사는 사람에게는 더 보태고 재물을 늘려주지 않는다.'고 하더라."

원사가 영읍의 책임자로 있을 때, 공자가 그에게 곡식 구백 석을 주자, 그가 (너무 많다며) 사양하였다. 공자께서 말씀하셨다.
"사양하지 마라! 그것을 네 이웃과 마을 사람들에게 나눠주면 되지 않느냐!"

子華使於齊러니 冉子爲其母請粟한대 子曰, 與之釜하라.
자화사어제 염자위기모청속 자왈 여지부

請益한대 曰, 與之庾하라 하니 冉子與之粟五秉하니
청익 왈 여지유 염자여지속오병

子曰, 赤之適齊也에 乘肥馬하고 衣輕裘하니
자왈 적지적제야 승비마 의경구

吾聞之也하니 君子는 周急이요 不繼富라 하라.
오문지야 군자 주급 불계부

原思爲之宰러니 與之粟九百이어시늘 辭한대
원사위지재 여지속구백 사

子曰, 毋하여! 以與爾鄰里鄕黨乎인저!
자왈 무 이여이인리향당호

子華 : 공자의 제자, 이름은 공서적(公西赤), 자(字)가 자화.
冉子 : 공자의 제자, 염구(冉求). 釜 : 양(量)의 단위, 약 6두(斗) 4승(升).
請益 : 더 많이 주기를 청한다.
庾 : 약 16두(斗).
冉子與之粟五秉 : 염자가 자화의 모친에게 곡식 5병(秉)을 주었다. 1병은 약 16석(石).
原思 : 공자의 제자. 이름은 헌(憲), 자는 자사(子思).
爲之宰 : 之는 공자의 영읍(領邑), 宰는 다스리는 총책임자. 공자가 노나라에서 중도(中都)의 재(宰)가 되었을 때, 영지를 가지고 있었다.
粟九百 : 곡식 9백 석.

밭을 가는 소의 새끼라도

공자께서 중궁에게 말씀하셨다.

"밭을 가는 소의 새끼라도, 그 털색이 붉고 뿔이 바르다면, 설사 (사람들이 그것을) 희생으로 쓰려고 하지 않아도, 산천의 신이 어찌 그것을 그냥 내버려두겠는가?"

子謂仲弓曰, 犁牛之子騂且角이면
자 위 중 궁 왈   리 우 지 자 성 차 각

雖欲勿用이나 山川其舍諸아?
수 욕 물 용   산 천 기 사 제

仲弓 : 염옹(冉雍)의 자(字).
犁牛 : 밭을 가는 일소, 혹은 얼룩소. 之子는 그 새끼.
騂 : 털이 붉은 것. 붉은색 가축을 희생으로 썼다.
角 : 뿔이 나다. 제사에 희생으로 올릴 만큼 충분하게 자랐음을 의미한다.

인(仁)에서 떠나지 않지만

공자께서 말씀하셨다.

"안회는 그 마음이 오랫동안 인(仁)에서 떠나지 않지만 그 나머지 사람들은 하루나 한 달에 한 번 인에 이를 뿐이다."

子曰, 回也는 其心三月이 不違仁이오,
자 왈   회 야   기 심 삼 월   불 위 인

其餘는 則日月至焉而已矣니라.
기 여   즉 일 월 지 언 이 이 의

回 : 공자가 가장 아꼈던 제자 안회(顔回)를 말함. 也는 단락을 나타내는 조사.
三月 : 구체적으로 3개월이 아니라 오랜 기간을 의미함.

정치에 참여할 만합니까?

대부인 계강자가 물었다.
"중유는 정치에 참여할 만합니까?"
공자께서 말씀하셨다.
"유는 과단성이 있으니 정치에 참여해도 아무 문제가 없습니다."
계강자가, "사는 정치에 참여할 만합니까?"하고 묻자 공자께서 말씀하셨다.
"사는 세상사에 두루 통달하였으니 정치에 참여해도 아무 문제가 없습니다."
계강자가, "염구는 정치에 참여할 만합니까?"하고 묻자 공자께서 말씀하셨다.
"염구는 재주가 있으니 정치에 참여해도 아무 문제가 없습니다."

季康子問, 仲由可使從政也與이까?
계 강 자 문 중 유 가 사 종 정 야 여

子曰, 由也果하니, 於從政乎에 何有리오?
자 왈 유 야 과 어 종 정 호 하 유

曰, 賜也可使從政也與이까?
왈 사 야 가 사 종 정 야 여

曰, 賜也達하니, 於從政乎에 何有리오?
왈 사 야 달 어 종 정 호 하 유

曰, 求也可使從政也與이까?
왈 구 야 가 사 종 정 야 여

曰, 求也藝하니, 於從政乎何有리오?
왈 구야예 어종정호하유

季康子 : 노(魯)나라의 대부 계손비(季孫肥). 후에 노의 소공(昭公)을 몰아냈다.
仲由 : 공자의 제자. 자는 자로(子路).
賜 : 단목사(端木賜), 자는 자공(子貢).
求 : 염구(冉求), 자는 자유(子有).

문수(汶水)의 강가

노나라의 대부 계씨가 민자건을 자신의 식읍인 비읍의 수장으로 삼으려 하자, 민자건이 말하였다.

"저를 위하여 그대가 잘 거절해 주십시오. 만약 다시 저를 찾는 일이 있다면 저는 분명히 문수(汶水)의 강가에 있을 것입니다."

季氏使閔子騫으로 爲費宰한대 閔子騫曰, 善爲我辭焉하라.
계씨사민자건 위비재 민자건왈 선위아사언

如有復我者면 則吾必在汶上矣로리다.
여유부아자 즉오필재문상의

季氏 : 노나라에서 실권을 잡고 있는 계손씨.
閔子騫 : 이름은 손(損), 子騫은 자. 노나라 사람. 공자의 제자.
費宰 : 비읍의 수장. 費는 계손씨 영지의 중심 도시.
汶 : 지금의 대문하(大汶河).
上 : 강의 북쪽. 汶水는 당시 노나라와 제나라의 국경을 이룬 강. 노나라는 남쪽, 제나라는 북쪽. 곧 제나라로 가겠다는 뜻.

운명이란 말인가!

백우가 병을 앓자, 공자께서 문병을 가시어 창문 너머로 그의 손을 잡고 말씀하셨다.

"이럴 리가 없는데, 운명이란 말인가! 이렇게 훌륭한 사람에게 이런 병에 걸리다니! 이렇게 훌륭한 사람에게 이런 병에 걸리다니!"

伯牛有疾이어늘 子問之하실새,
백 우 유 질 자 문 지

自牖執其手하사 曰, 亡之러니,
자 유 집 기 수 왈 망 지

命矣夫라! 斯人也 而有斯疾也할새!
명 의 부 사 인 야 이 유 사 질 야

斯人也 而有斯疾也할새!
사 인 야 이 유 사 질 야

伯牛 : 공자의 제자 염경(騂耕). 덕행이 안회(顔回)나 민손(閔損) 다음가는 훌륭한 제자. 그 당시 한센병에 걸렸다고 한다.

참으로 회는 어질다

공자께서 말씀하셨다.

"참으로 회는 어질다. 밥 한 그릇과 물 한 바가지로 빈민촌에 살게 되면 보통 사람들은 그 근심을 견뎌내지 못하는데, 회는 그렇게 살면서도 그 즐거움이 변치 않으니, 참으로 회는 어질도다!"

子曰, 賢哉라 回也여! 一簞食와 一瓢飮으로 在陋巷을
자왈 현재 회야 일단식 일표음 재누항

人不堪其憂어늘, 回也不改其樂하니 賢哉라 回也여!
인불감기우 회야불개기락 현재 회야

一簞食 : 대나무 도시락의 밥. 밥 한 그릇. 밥 (사), 먹을 (식).
一瓢飮 : 표주박의 물. 한 쪽박의 물을 마신다.

힘이 부족한 사람은

염구가 변명하며 말하였다.

"선생님의 도(道)를 좋아하지 않는 것이 아니라, 제 힘이 부족합니다."

공자께서 말씀하셨다.

"힘이 부족한 사람은 할 수 있는 데까지 해보다가 도중에 그만 두는 법인데, 지금 너는 스스로 못한다고 선을 긋고 있구나."

冉求曰, 非不說子之道언마는 力不足也로이다.
염구왈 비불열자지도 역부족야

子曰, 力不足者는 中道而廢하니라 今女畫이로다.
자왈 역부족자 중도이폐 금녀획

冉求 : 공자의 제자. 이름이 求, 자는 子有, 冉有라고도 부른다.
說 : 기쁘하다. 좋아하다.

군자다운 유학자

공자께서 자하에게 말씀하셨다.

"그대는 군자다운 유학자가 되어라, 소인다운 유학자가 되지 마라."

子謂子夏曰, 女爲君子儒오 無爲小人儒하라.
자 위 자 하 왈 여 위 군 자 유 무 위 소 인 유

子夏 : 위(衛)나라 사람. 공자의 제자인 복상(卜商)의 자(字).

좋은 인재를 얻었느냐?

자유가 무성읍의 수장이 되자 공자께서 말씀하셨다.

"자네는 좋은 인재를 얻었느냐?"

자유가 대답했다.

"담대멸명이라는 자가 있습니다. 그는 길을 갈 때 좁은 지름길로 다니지 않고, 공적인 일이 아니면 제 방에 오지 않습니다."

子游爲武城宰러니 子曰, 女得人焉爾乎아?
자 유 위 무 성 재 자 왈 여 득 인 언 이 호

曰, 有澹臺滅明者하니 行不由徑하며
왈 유 담 대 멸 명 자 행 불 유 경

非公事어든 未嘗至於偃之室也니이다.
비 공 사 미 상 지 어 언 지 실 야

偃 : 子由의 이름.

말이 나아가지 않았소

공자께서 말씀하셨다.

"맹지반은 공을 자랑하지 않는다. 전쟁에 패하여 달아날 때는 군대의 후미에서 적을 막았으며, 성문에 들어서려고 할 즈음에야 말에 채찍질을 하면서 말하기를, '일부러 뒤에 처지려 한 것이 아니라, 말이 나아가지 않았소' 라고 하였다."

子曰, 孟之反은 不伐이로다,
자 왈 맹 지 반 불 벌

奔而殿하여 將入門할새 策其馬曰
분 이 전 장 입 문 책 기 마 왈

非敢後也라, 馬不進也라 하니라.
비 감 후 야 마 부 진 야

孟之反 : 노나라의 대부. 이름이 측(側)이고 之反은 그의 자. 노나라의 군대가 제나라와 싸워 패하고 후퇴하자, 맹지반이 뒤에 처져, 추격하는 적군을 막음으로써 아군이 무사히 성안으로 돌아왔다.

말솜씨와 훌륭한 미모

공자께서 말씀하셨다.

"축타와 같은 말솜씨가 없이 송조와 같은 미모만 지녔다면, 오늘날과 같은 세상에서 화를 면하기 어려울 것이다."

子曰, 不有祝之佞이며
자 왈 불 유 축 지 녕

而有宋朝之美면 難乎免於今之世矣니라.
이 유 송 조 지 미 난 호 면 어 금 지 세 의

祝鮀 : 말솜씨가 뛰어난 위(衛)나라의 대부. 이름은 타(鮀), 자가 자어(子魚)이다. 그는 종묘에서 제사를 지낼 때, 축문을 읽는 축관의 관직에 있었기 때문에 祝鮀라 불렸다.

宋朝 : 송나라의 공자로 이름은 朝. 용모가 준수하여 위령공(衛靈公)의 부인 남자(南子)와 정을 통하여 그녀의 총애로 대부가 되었다.

선왕(先王)의 좋은 도

공자께서 말씀하셨다.

"누구라도 밖으로 나갈 때, 방문을 통과하지 않을 수 있겠는가? 그런데 왜 아무도 선왕의 도를 따르지 않는가?"

子曰, 誰能出不由戶리오마는 何莫由斯道也오?
자 왈 수 능 출 불 유 호 하 막 유 사 도 야

由斯道 : 선왕(先王)의 좋은 도를 따르다. [혹은 인도(仁道)]

실질적인 내용이 겉모습보다

공자께서 말씀하셨다.

"실질적인 내용이 겉모습보다 뛰어나면 너무 저속하고, 겉모습이 실질적인 내용보다 뛰어나면 너무 형식에 흐르게 된다. 겉모습과 실질적인 내용이 적절히 조화를 이루어야 군자다우니라."

子曰, 質勝文則野요 文勝質則史니
자왈 질승문즉야 문승질즉사

文質이 彬彬 然後에 君子니라.
문질 빈빈 연후 군자

質勝文 : 바탕[質]이 외면적인 형식[文]을 이기다.
野 : 아름답게 꾸미지 않아 저속하다. 촌스럽다.
史 : 실질적인 내용은 보잘 것 없으면서 겉모양만 번지르르한 상태.
文質 : 문화적인 꾸밈과 소박한 바탕.
彬彬 : 두 가지가 적절히 섞여 조화와 균형을 이룬 모양.
君子 : 군자답다.

정직하지 않은 삶

공자께서 말씀하셨다.
"사람의 삶은 정직해야 한다. 정직하지 않은 삶은 요행히 죽음을 면하는 것이다."

子曰, 人之生也直하니, 罔之生也는 幸而免이니라.
자왈 인지생야직 망지생야 행이면

도를 알기만 하는 사람은

공자께서 말씀하셨다.
"도를 알기만 하는 사람은 그것을 좋아하는 사람만 못하고, 좋아하는 사람은 즐기는 사람만 못하다."

子曰, 知之者는 不如好之者요,
자왈 지지자 불여호지자

好之者는 不如樂之者니라.
호지자 불여락지자

수준높은 이야기

공자께서 말씀하셨다.

"중간 이상의 수준에 해당하는 사람들에게는 수준높은 이야기를 해주어도 좋지만, 중간 이하에 해당하는 사람들에게는 수준높은 이야기를 해줄 수 없다."

子曰, 中人以上은 可以語上也이어니와
자왈 중인이상 가이어상야

中人以下는 不可以語上也니라.
중인이하 불가이어상야

사람이 마땅히 해야 할 도리

번지가 지혜에 대해 묻자, 공자께서 말씀하셨다.

"사람이 마땅히 해야 할 도리를 실천하는 데 힘을 기울이고, 귀신의 힘을 빌려 복을 구하고, 화를 물리치는 어리석은 짓을 하지 않는 것이 아는 사람의 올바른 삶의 자세이다."

인(仁)에 대해 묻자, 공자께서 말씀하셨다.

"인자함이란 어려운 일에는 먼저 나서서 하고, 이득을 챙기는 데에는 남보다 뒤지는 것이니, 이렇게 하면 인자하다고 할 수 있다."

樊遲問知한대 子曰, 務民之義는
번지문지 자왈 무민지의

敬鬼神而遠之면 可謂知矣니라.
경귀신이원지 가위지의

問仁한대 曰, 仁者先難而後獲이면 可謂仁矣니라.
문인 왈 인자선난이후획 가위인의

樊遲 : 제(齊)나라 사람. 공자의 제자인 번수(樊須). 자는 자지(子遲).

인생을 즐겁게 살고

공자께서 말씀하셨다.

"지혜로운 사람은 (움직이고 있는) 물을 좋아하고, 덕이 있는 어진 사람은 산을 좋아한다. 지혜로운 사람은 동적이고 어진 사람은 정적이다. 지혜로운 사람은 인생을 즐겁게 살고 어진 사람은 장수한다."

子曰, 知者는 樂水하고 仁者는 樂山이니
자왈 지자 요수 인자 요산

知者는 動하고 仁者는 靜하며 知者는 樂하고 仁者는 壽니라.
지자 동 인자 정 지자 락 인자

樂 : 좋아하다 (요), 풍류 (악), 즐기다 (락).
仁者 : 마음이 어진 사람.

제나라가 한 번 변하면

공자께서 말씀하셨다.

“제나라가 한 번 변하면 노나라에 이를 것이고, 노나라가 한 번 변하면 도(道)에 이를 것이다.”

子曰, 齊一變이면 至於魯하고 魯一變이면 至於道니라.
자왈 제일변 지어노 노일변 지어도

모가 나지 않는다면

공자께서 말씀하셨다.

“고에 모가 없다면 어찌 그것을 고라 하랴! 고라 하랴!”

子曰, 觚不觚면 觚哉! 觚哉아!
자왈 고 고 고재 고재

觚 : 배 부분과 다리에 네 개의 모서리가 있는 제례용 술잔. 모가 난 술잔.

不觚 : (이름만 고라고 하면서도) 모가 나지 않는다면.

哉 : 반문을 나타내는 어조사.

觚哉 : 어찌 그것을 고라고 말하겠는가? 실물과 이름이 맞아야 한다. 임금은 임금다워야 하고, 신하는 신하다워야 한다. 그렇지 못하기 때문에 나라가 문란해지는 것이다.

그를 잠시 속일 수는 있어도

재아가 물었다.

"어진 사람을 가령 우물에 사람이 빠졌다고 속이면, 그 우물로 따라 들어가야 합니까?"

공자께서 말씀하셨다.

"어찌 그러겠느냐? 군자는 물론 우물에 달려가기야 하겠지만 빠지지는 않을 것이다. 그를 잠시 속일 수는 있어도 사리판단조차 못하게 하지는 못할 것이다."

宰我問曰, 仁者는 雖告之曰,
재 아 문 왈 인 자 수 고 지 왈

井有仁焉이라도 其從之也로소이까?
정 유 인 언 기 종 지 야

子曰, 何爲其然也리오? 君子可逝也인정,
자 왈 하 위 기 연 야 군 자 가 서 야

不可陷也며 可欺也인정, 不可罔也니라.
불 가 함 야 가 기 야 불 가 망 야

宰我 : 공자의 제자로 이름은 여(予), 자는 자아(子我).

군자는 널리 글을 배우고

공자께서 말씀하셨다.

"군자는 널리 글을 배우고 예로써 자신의 행동을 단속해야 한다. 그래야 비로소 도리에서 어긋나지 않을 것이다."

子曰, 君子博學於文이오
자 왈 군 자 박 학 어 문

約之以禮면 亦可以弗畔矣夫인저!
약 지 이 례 역 가 이 불 반 의 부

博學於文 : 글을 널리 배우다, 고전의 글을 넓게 많이 배운다. 문(文)은 주로 '시(詩)·서(書)·예(禮)·악(樂)·역(易)·춘추(春秋)' 등의 육경(六經)의 글들이다. 그 속에는 선왕의 도와 문물제도, 역사 기록 및 평가 등이 적혀 있다.

約之以禮 : 예로써 조이고 단속한다. 즉 광범위하게 많은 지식을 일관된 도리로써 요약하고 통괄한다는 뜻. 예(禮)에는 두 가지 뜻이 있다. 내면적으로는 천리(天理)이고, 외형적으로는 예절(禮節)이다. 그러므로 학식을 일관된 천리도 통괄하고, 인격이나 언행을 예의범절로 단속한다는 뜻이다.

나에게 잘못이 있다면

공자가 남자를 만나자 자로가 좋아하지 않았다. 이에 공자가 맹세하여 말씀하셨다.

"나에게 잘못이 있다면, 하늘이 미워할 것이다. 하늘이 미워할 것이다!"

子見南子하신대 子路不說이어늘
자 견 남 자 자 로 불 설

夫子矢之曰, 予所否者이면 天厭之 天厭之시리라!
부 자 시 지 왈 예 소 부 자 천 염 지 천 염 지

南子 : 위(衛)나라 영공(靈公)의 부인으로 송조(宋朝) 등과 정을 통하여 세인의 비난을 받았다. 공자가 위나라에 갔을 때 그녀가 면회를 요청하여 휘장을 사이에 두고 만났음.

說 : 좋아하다. 기뻐하다.

중용(中庸)의 덕

공자께서 말씀하셨다.

"중용의 덕은 지극하다! 그런데 사람들이 이를 소홀히 한 지 너무나 오래되었구나."

子曰, 中庸之爲德也 其至矣乎인저! 民鮮久矣니라.
자왈 중용지위덕야 기지의호 민선구의

中庸 : 어느 쪽으로든지 치우침이 없이 올바름.
爲德 : 덕으로서의 됨됨이. 덕성.

인(仁)의 경지에 이르는 방법

자공이 말하였다.

"만약 백성들에게 은혜를 베풀고 많은 사람을 어려움으로부터 구제할 수 있다면 어떻겠습니까? 인이라 할 수 있겠습니까?"

공자께서 말씀하셨다.

"어찌 인이라고만 하겠느냐? 반드시 성인의 경지라고 말하겠다. 요임금과 순임금조차도 그렇게 하지 못함을 걱정했다. 본래 인이란 자신이 나서고 싶은 자리에 다른 사람부터 나서게 하고, 자신의 뜻을 이루고 싶을 때에는 다른 사람의 뜻부터 이루게 해준다. 자신이 원하는 것을 미루어 남이 원하는 것을 이해하는 것이 바로 인의 경지에 이르는 방법이라고 할 수 있다."

子貢曰, 如有博施於民 而能濟衆한대 何如니이까?
자공왈 여유박시어민 이능제중 하여

可謂仁乎니이까?
가 위 인 호

子曰, 何事於仁이리오, 必也聖乎인저!
자 왈 하 사 어 인 필 야 성 호

堯舜도 其猶病諸시니라!
요 순 기 유 병 제

夫仁者는 己欲立而立人하며
부 인 자 기 욕 입 이 입 인

己欲達而達人이니라.
기 욕 달 이 달 인

能近取譬면 可謂仁之方也已니라.
능 근 취 비 가 위 인 지 방 야 이

仁之方 : 인을 실천하는 방법.

해설 인(仁)의 근본 의미는 '사람들이 서로 사랑하고 협동하여 함께 잘사는 공동체를 꾸미는 기본적인 덕목'이다. 그러나 모든 것을 인식하고 실천하는 것은 '나'를 주체로 한다. 그러므로 나를 중심으로 '남을 사랑하고 남을 도와서 잘되게 하는 덕행이다.'

정치의 궁극적 목표는 백성에게 널리 은덕을 베풀고 그들을 환란에서 건져내는 일일 것이다.

제7편
술이述而

공자 자신의 말씀과 공자가 문하생들에게 베푼 교육법에 대한 말씀이 실려 있다. 공자의 용모와 태도, 행동거지를 기술하고 있는데, 우리는 여기에서 대인(大人)으로서의 공자를 엿볼 수 있다. 주자(朱子)는 '성인들이 겸손한 태도로 남을 잘 가르치고 또 점잖은 몸가짐과 행적에 대한 글들이 많이 추려져 있다'고 했다. 모두 37장으로 되어 있다.

옛것을 믿으며 좋아한다

공자께서 말씀하셨다.

“나는 옛 성현의 가르침을 전할 뿐이지, 나 개인의 새로운 생각이나 창작을 하지 않으며, 옛것을 믿으며 좋아하고 있다. 그런 점에서 나는 나 자신을 은근히 노팽에게 비교해 본다.”

子曰, 述而不作하며 信而好古를 竊比於我老彭하노라.
자왈 술이부작 신이호고 절비어아노

老彭 : 은나라의 뛰어난 정치가, 공자가 이상(理想)으로 삼는 팽조(彭祖)를 일컬음.

해설 술(述)은 저술을 뜻하고 작(作)은 창작을 뜻한다. 저술은 예부터 내려오는 사상과 문화를 바탕으로 다시 정리하거나 서술하는 것을 말하고 창작은 지금까지 일찍이 없었던 새로운 사상과 학설을 처음으로 만들어 내는 것을 말한다. 그리고 노팽에게 비교해 본다는 것은 남을 배운다는 겸손한 태도에서 나온 말이다.

배움에 싫증을 내지 않으며

공자께서 말씀하셨다.

“침묵 속에서(묵묵히 마음속으로) 깊이 깨닫고, 배움에 싫증을 내지 않으며, 남을 가르치기를 게을리하지 않는 것. 나는 다만 그렇게 할 뿐이다.”

子曰, 默而識之하며 學而不厭하며
자 왈 묵 이 식 지 학 이 불 염

誨人不倦이 何有於我哉오.
회 인 불 권 하 유 어 아 재

나의 걱정거리

공자께서 말씀하셨다.

"인격을 수양하지 못함과 학문을 익히지 못함과, 어떻게 하는 것이 의로운 것인지 알면서 실천에 옮기지 못함과, 잘못을 고치지 못함이 곧 나의 걱정거리다."

子曰, 德之不脩와 學之不講과 聞義不能徙하며
자 왈 덕 지 불 수 학 지 불 강 문 의 불 능 사

不善不能改이 是吾憂也니라.
불 선 불 능 개 시 오 우 야

해설 마음으로나 몸으로 덕(德)을 닦고 행하지 않는다. 배운 바 학문을 스스로 강구하지도 않고 또 남에게도 강의해 주지 않는다. 정의에 편들지도 않는다. 개과천선(改過遷善)하지도 못한다. 이상의 네 가지를 다 못하면, 결국 '악덕(惡德)하고, 무식(無識)하고, 불의(不義), 무도(無道)한 악인'이 된다. 개인이 악하면 그 사회와 나라도 악해진다. 이상세계의 창건은 개인의 선화(善化)를 바탕으로 하게 마련이다. 그러므로 공자는 결국 '사람과 세상이 다 함께 개과천선하지 못하는 것을 걱정한 것이다.'

집안에 계실 때에는

공자께서 집안에 한가로이 계실 때에는, 그 표정이 느긋하고 또 그 마음이 온화했다.

子之燕居에 申申如也하시며 夭夭如也러시다.
자 지 연 거 　 신 신 여 야 　 　 요 요 여 야

주공을 꿈에서 다시

공자께서 말씀하셨다.
"참으로 심히 노쇠했구나! 나는 오래도록 주공을 꿈에서 다시 뵙지 못하였다."

子曰, 甚矣라 吾衰也여! 久矣라 吾不復夢見周公이로다!
자 왈 　 심 의 　 오 쇠 야 　 구 의 　 오 불 부 몽 현 주 공

周公 : 이름은 단(旦), 주나라 문왕의 아들. 무왕과 성왕을 보필하여 주나라의 예의와 제도를 확정하였으며, 주나라의 정치적 기반을 다졌다. 노나라의 시조이기도 하다.

해설 주공은 내란을 평정하고 조카 성왕을 보필하여 섭정의 책무를 다한 이었다. 주나라의 봉건제도와 문물은 그에 의해 정비된 것이다. 공자는 청년시절부터 주공을 경모(敬慕)했으며, 옛 주나라의 봉건적 질서와 문무제도를 당대에 되살리고자 하였다. 그러나 자신의 포부를 이룰 수 없었던 공자는 이제 늘그막에 꿈에서 주공을 뵙지 못함을

한탄하고 있다. 이것은 자신의 현실과 이상(理想)의 괴리에 대한 고뇌이기도 한 것이다.

도에 뜻을 두고

공자께서 말씀하셨다.
"도에 뜻을 두고 덕에 근거하며, 인에 의지하고 육예를 즐겨라."

子曰, 志於道하며 據於德하며 依於仁하며 遊於藝니라.
자 왈 지 어 도 거 어 덕 의 어 인 유 어 예

德 : 득(得). 도를 따르고 실천해서 얻어진 좋은 성과를 덕이라 한다. 덕은 '마음으로 터득한 심덕(心德)'과 '행동으로 나타난 덕행'을 합한 것이다.
藝 : 옛날 선비들이 반드시 배워야 할 여섯 가지. 禮(예법), 樂(음악), 射(활쏘기), 御(마차 운전), 書(서예), 數(수학)을 말한다.

속수의 예를 행한 사람

공자께서 말씀하셨다.
"속수의 예를 행한 사람 이상이면 내가 가르치지 않은 적이 없다."

子曰, 自行束脩以上은 吾未嘗無誨焉이로다.
자 왈 자 행 속 수 이 상 오 미 상 무 회 언

束脩 : 脩는 육포(肉脯), 束은 묶음. 옛날 스승에게 가르침을 청할 때, 육포 열 줄을 엮은 다발을 예물로 바쳤다. 고대의 예법에서는 처음 만나는 사람을 찾아갈

때, 자신의 신분에 걸맞은 예물을 가져가게 되어 있었다. 예를 들면 제후는 옥, 경(卿)은 염소, 대부는 기러기, 사(士)는 꿩을 예물로 가져갔다. 속수는 육포 묶음으로 이러한 예물 가운데 등급이 가장 낮은 것이다.

배우려는 열의가 없으면

공자께서 말씀하셨다.

"학생이 배우려는 열의가 없으면 나는 그를 이끌어주지 않고, 학생이 표현하려고 애쓰지 않으면 일깨워주지 않으며, 한 방면을 가르쳐주면 나머지 세 방면을 스스로 알아서 반응을 보여야지, 그렇지 않으면 나는 반복해서 가르쳐주지 않는다."

子曰, 不憤이어든 不啓하며 不悱어든 不發하되.
자왈 불분 불계 불비 불발

擧一隅에 不以三隅反이어든 則不復也니라.
거일우 불이삼우반 즉불부야

공자께서는

공자께서는 상을 당한 사람 곁에서 식사를 하실 때, 배부르게 드신 적이 없으셨다. 공자께서는 곡을 하신 날에는 노래를 부르지 않으셨다.

子食於有喪者之側에 未嘗飽也러시다.
자식어유상자지 미상포야

子於是日에 哭則不歌러시다.
자어시일 곡즉불가

사려 깊은 사람과 함께

공자께서 안연에게 말씀하셨다.

"관직에 등용되면 도를 행하고, 버림받으면 도를 간직한 채 은둔하는 태도는 오직 나와 너만이 갖고 있을 것이다!"

자로가 말하였다.

"선생님께서 삼군을 통솔하신다면 누구와 함께 하시겠습니까?"

공자께서 말씀하셨다.

"맨손으로 호랑이를 잡고 걸어서 황하를 건너가다가 죽는 일이 있어도 후회하지 않는 그런 사람과는 함께 하지 않을 것이다. 반드시 일을 하는데 있어서 두려운 생각을 갖고, 신중하고 차분하게 잘 계획하여 일을 성취하려는 사려 깊은 사람과 함께 할 것이다."

子謂顔淵曰, 用之則行하고 舍之則藏은 唯我與爾有是夫인저!
자위안연왈 용지즉행 사지즉장 유아여이유시부

子路曰, 子行三軍이면, 則誰與시리이까?
자로왈 자행삼군 즉수여

子曰, 暴虎馮河하여 死而無悔者를 吾不與也니
자왈 포호빙하 사이무회자 오불여야

必也臨事而懼하며, 好謀而成者也니라.
필야임사이구 호모이성자야

좋은 세상이라면

공자께서 말씀하셨다.

"만약 부(富)를 추구할 만한 좋은 세상이라면, 채찍을 드는 천한 일이라도 나는 하겠다. 그러나 부를 추구하면 안되는 세상이라면 , 나는 내가 좋아하는 바 도를 따르겠다."

子曰, 富而可求也이면 雖執鞭之士라도 吾亦爲之어니와.
자 왈 부 이 가 구 야 수 집 편 지 사 오 역 위 지

如不可求인대는 從吾所好하리라.
여 불 가 구 종 오 소 호

신중하게 여긴 일

공자께서 신중하게 여긴 일은 재계와 전쟁과 질병이다.

子之所愼은 齊 · 戰 · 疾.
자 지 소 신 제 전 질

齊 : 재계(齋戒). 제사를 지내기 전에 몸과 마음을 깨끗이 하고 부정한 것을 멀리하는 일.
戰 : 나라의 운명을 건 전쟁.
疾 : 인간의 생명을 좌우하는 질병.

고기 맛을 잊으시고

공자께서 제나라에 계실 때 소(韶)라는 음악을 들으신 후, 석 달 동안 고기 맛을 잊으시고는 이렇게 말씀하셨다.

"음악이 이런 경지에 이를 수 있으리라고는 미처 생각지 못했구나!"

子在齊聞 韶하시고 三月不知肉味하사
자 재 제 문 소 삼 월 부 지 육 미

曰, 不圖爲樂之至於斯也하라!
왈 부 도 위 락 지 지 어 사 야

韶 : 태평성대를 구가한 순(舜) 임금 때의 악곡.

해설 여러 방면에 폭넓은 관심을 지닌 공자는 음악에도 일가견이 있었다. 제나라에서 순임금의 소악에 접하게 되었을 때 석달 동안을 음식 맛을 잊을 정도로 이에 도취되었던 것이다. 그는 이 음악을 진선진미(盡善盡美)한 것으로 격찬하였다.

위나라 임금을 위해

염유가 자공에게 물었다.

"선생님께서 위나라 임금을 위해 일하시겠습니까?"

자공이, "내가 알아보겠소." 하고는 안으로 들어가 선생님께 물어보았다.

"백이 숙제는 어떤 사람입니까?"

"옛날의 현인이었다."

"그들은 원망을 했습니까?"

"인(仁)을 구하여 바로 그 인을 얻었으니, 다시 무엇을 원망했겠느냐?"

자공이 나와서 말하였다.

"선생님께서는 위나라 임금을 위해 일하지 않으실 것이오."

冉有曰, 夫子爲衛君乎아.
염 유 왈 부 자 위 위 군 호

子貢이 曰, 諾다. 吾將問之하리라.
자 공 왈 낙 오 장 문 지

入曰, 伯夷 叔齊는 何人也이까? 曰, 古之賢人也니라.
입 왈 백 이 숙 제 하 인 야 왈 고 지 현 인 야

曰, 怨乎이까? 曰, 求仁而得仁이어니 又何怨이리오?
왈 원 호 왈 구 인 이 득 인 우 하 원

出曰 夫子不爲也시리라.
출 왈 부 자 불 위 야

爲衛君 : 위나라 임금을 위해 일하다. 위나라 임금을 도와서 일을 하다. 위나라 임금은 출공(出公)으로 이름은 첩(輒). 영공(靈公)의 손자요, 괴외(蒯聵)의 아들임. 괴외가 음행을 일삼는 영공의 부인 남자(南子)를 제거하려다 실패하고 송(宋)으로 망명하였다. 몇년 후 영공이 죽자 첩(輒)이 임금의 자리를 승계하였다.

해설 당시 위나라의 정세는 무능한 영공과 품행이 좋지 못한 부인 남자로 인해 혼란 상태에 빠져 있었다. 영공의 태자 괴외가 생모인 남자를 살해하려다 뜻을 이루지 못하고 송나라로 망명하였다. 몇년 후 영공이 세상을 떠나자 괴외의 아들 첩이 보위에 올랐다. 이 사람이 위나라의 출공이다. 그러나 출공의 아버지인 괴외는 보위에 오르기 위해 진(晋)나라의 도움을 얻어 위나라에 쳐들어 왔다. 이리하여 괴외와 출공 부자의 16년 동안의 내란이 일어나게 된 것이다.

염유와 자공은 이런 와중에 스승 공자의 거취가 궁금하였다. 백이 숙제에 대한 공자의 대답을 듣자, 자공은 인간성을 저버리는 자들을 위해 스승이 협력하지 않을 것을 알게 된 것이다.

즐거움이란 가난함 속에

공자께서 말씀하셨다.

"변변치 않은 밥을 먹고 물을 마신 뒤에 팔을 베개 삼아 잠을 잔다. 즐거움이란 그런 가난함 속에 있는 법이다. 도리에 어긋나는 짓으로 부자가 되거나 신분이 높아지는 것은 나에게는 뜬구름처럼 무상하고 인연이 없는 일이다."

子曰, 飯疏食飮水하고 曲肱而枕之라도
자 왈 반 소 사 음 수 곡 굉 이 침 지

樂亦在其中矣니.
악 역 재 기 중 의

不義而富且貴는 於我如浮雲이니라.
불 의 이 부 차 귀 어 아 여 부 운

쉰 살에 역(易)을 배운다면

공자께서 말씀하셨다.

"앞으로 나에게 몇 년의 시간이 더 주어져 쉰 살에 역(易)을 배운다면, 큰 허물이 없을 것이다."

子曰, 加我數年하여, 五十以學 易이면, 可以無大過矣리라.
자 왈 가 아 수 년 오 십 이 학 역 가 이 무 대 과 의

易 : 『易經』 혹은 역학(易學)을 말한다.

평소에 말씀하시던 것은

공자께서 평소에 늘 말씀하시던 것은『시경』,『서경』과 예를 지키는 일이었다. 이것들을 모두 항상 말씀하셨다.

子所雅言은 詩書執禮 皆雅言也러시다.
자소아언 시서집례 개아언야

도를 즐기느라 근심을 잊어

섭공이 자로에게 공자의 사람됨을 물었는데, 자로가 대답하지 않았다. 이 말을 듣고 공자께서 말씀하셨다.

"너는 왜 '그 분은 뭔가 의욕적인 일이 생기면 먹는 것도 잊고, 도를 즐기느라 근심을 잊어 늙는 것조차 알지 못한다'라고 말하지 않았느냐?"

葉公 問孔子於子路어늘 子路不對한대 子曰, 女奚不曰,
공 문공자어자로 자로부대 자왈 여해불왈

其爲人也 發憤忘食하며 樂以忘憂하여,
기위인야 발분망식 락이망우

不知老之將至云爾오?
부지노지장지운이

葉公 : 초나라의 대부. 섭지방을 다스렸기에 섭공이라 했다. 이름은 심제량(沈諸梁), 자는 자고(子高).

세상의 도리

공자께서 말씀하셨다.

"나는 태어나면서부터 세상의 도리를 알았던 것이 아니라, 옛것을 좋아하여 부지런히 탐구해서 알게 된 것이다."

子曰, 我非生而知之者라,
자 왈 아 비 생 이 지 지 자

好古하여 敏以求之者也로라.
호 고 민 이 구 지 자 야

괴이한 일이나 귀신에 대해서는

공자께서는 괴이(怪異)한 일이나 폭력, 난동, 그리고 귀신에 대해서는 말씀하지 않으셨다.

子不語 怪 · 力 · 亂 · 神이러시다.
자 불 어 괴 력 난 신

자불어 력 신

怪 : 괴이(怪異)함.
力 : 폭력.
亂 : 파괴 행위, 난동.
神 : 귀신, 초자연적인 존재.

해설 공자의 관심사는 괴이한 것이 아니라 범상(凡常)한 것이며, 폭력이 아니라 덕이며, 무질서나 파괴 행위가 아니라 질서이며,

귀신이 아니라 인간에 대한 것이다. 이렇게 그의 사유(思惟)는 이성과 현실과 합리성(合理性)에 바탕을 두고 있다. 그는 주나라 이전부터 성행하던 점복(占卜)·주술(呪術)과 같은 미신적인 관심에서 사람들을 해방시키고자 하였다. 공자는 당대의 누구보다도 더 현실적이고 실용적이며 합리적인 가치관을 가지고 있었던 것이다.

나의 스승

공자께서 말씀하셨다.

"세 사람이 함께 길을 가면, 그 중에 반드시 나의 스승이 있다. 그 가운데 나보다 나은 사람의 좋은 점을 따르고, 나보다 못한 사람의 좋지 않은 점을 보고 거울삼아 고치도록 한다."

子曰, 三人行에 必有我師焉이니
자 왈 삼 인 행 필 유 아 사 언

擇其善者而從之오, 其不善者而改之니라.
택 기 선 자 이 종 지 기 불 선 자 이 개 지

하늘이 선천적으로

공자께서 말씀하셨다.

"하늘이 선천적으로 덕을 나에게 부여해 주었거늘, 환퇴가 나를 어떻게 해치랴?"

子曰, 天生德於予시니 桓魋其如予何리오.
자 왈 천 생 덕 어 예 환 퇴 기 여 예 하

天生德於予 : 하늘이 천생으로 나에게 덕을 내려주었다. 그러나 '생덕어여(生德於予)'의 뜻을 '나로 하여금 이 세상의 덕을 발생케 했다'로 해석할 수도 있다.
桓魋 : 송(宋)나라의 사마(司馬), 성은 향(向), 이름은 퇴(魋). 송 환공(桓公)의 후손이어서 환퇴라 했다. 공자가 노나라에 갔을 때, 이 자가 공자를 죽이려 했다. 그 때에 공자가 제자에게 한 말이다.

내가 행하는 일치고

공자께서 말씀하셨다.

"너희들은 내가 숨기고 있는 일이 있다고 생각하는가? 나는 아무것도 숨기는 게 없다. 내가 행하는 일치고 너희들에게 보여주지 않은 것이 없으니, 그것이 곧 나일세."

子曰, 二三子는 以我爲隱乎아. 吾無隱乎爾로라.
자왈 이삼자 이아위은호 오무은호이

吾無行而不與 二三子者니 是丘也니라.
오무행이불여 이삼자자 시구야

해설 공자의 학덕이 워낙 높고 깊어서 제자들은 스승의 가르침을 미처 따라갈 수 없었다. 또한 그들은 스승이 무언가 가르치지 않고 감추는 것이 있지나 않나 하고 의혹을 품을 수도 있었다. 이 점에 대해 공자는 제자들을 타이르고 있다. 즉 너희들과 일상생활의 기거동작을 함께 하는 가운데 나의 모든 것을 솔직하게 보여주고 있는 것이다. 이렇게 교육은 스승이 숨기는 것 없이 최선을 다해 가르칠 때 그 실효를 거둘 수 있는 것이다.

글·덕행·충성·신의

공자께서는 네 가지를 가르치셨다. 그것은 글(경전)·덕행·충성·신의였다.

子以四教하시니 文·行·忠·信이니라.
자 이 사 교 문 행 충 신

文 : 고전의 글. 학문.
行 : 실천, 행실, 덕행.
忠 : 성심으로 최선을 다하는 것.
信 : 말과 행동이 일치함. 신의를 지킴.

한결같은 마음을 지니기란

공자께서 말씀하셨다.
"성인을 내가 만나볼 수 없다면, 군자라도 만나볼 수 있으면 좋겠다."
공자께서 말씀하셨다.
"선한 사람을 만나볼 수 없다면, 한결같은 마음을 지닌 사람이라도 만나볼 수 있으면 좋겠다! 없으면서도 있는 체하고 텅 비었으면서도 가득찬 체하며, 가난해도 태연해야 하니 한결같은 마음을 지니기란 어려운 것이다."

子曰, 聖人을 吾不得而見之矣어든
자 왈 성 인 오 부 득 이 견 지 의

得見君子者면 斯可矣니라.
득견군자자 사가의

子曰, 善人을, 吾不得而見之矣어든
자왈 선인 오부득이견지의

得見有恒者면 斯可矣니라!
득견유항자 사가의

亡而爲有하며 虛而爲盈하며 約而爲泰면 難乎有恒矣니라!
망이위유 허이위영 약이위태 난호유항의

聖人 : 하늘과 같은 경지에서 인덕(仁德)을 베푸는 사람.
君子 : 학문과 덕행을 겸비하고, 인정(仁政)과 덕치(德治)에 참여하는 지식인.
善人 : 착한 사람, 적극적으로 도(道)를 따르고 행하는 사람.

잠자는 새는 쏘지 않았다

공자께서는 낚시질을 하였으나 그물을 쓰지는 않으셨고, 주살로 나는 새를 잡아도 잠자는 새는 쏘지 않으셨다.

子釣而不綱하시며 弋不射宿이러시다.
자조이불강 익불사숙

不綱 : 그물질은 하지 않았다. 즉 물흐름을 가로질러 그물을 치고 고기를 잡지는 않았다. 綱 을 '한 줄에 여러 개의 낚싯바늘을 단 것'이라는 설도 있다.
弋 : 주살, 화살에 실이 매달린 것.

해설 공자는 젊고 빈천했던 시절, 제사와 손님 접대를 위해 물고기를 잡고 새 사냥을 한 적이 있었다. 그러나 그는 한꺼번에 많은 양을 잡지는 않았다. 즉 물고기는 낚시로 소량을 잡고, 새를 잡는 경우에는 잠자는 새를 쏘지는 않았다. 이와 같이 군자는 부득이 사냥을 하더라도 최소한의 살생으로 그치는 것이다.

잘 알지도 못하면서

공자께서 말씀하셨다.

"잘 알지도 못하면서 함부로 창작을 하는 사람이 있으나, 나는 그렇게 하지 않는다. 많이 듣고 그 가운데 좋은 것을 택하여 따르며, 많이 보고 그 가운데 옳은 것을 기억해 둔다. 이것은 나면서부터 아는 것에 버금가는 일이다."

子曰, 蓋有不知而作之者아 我無是也로라.
자왈 개유부지이작지자 아무시야

多聞하여 擇其善者而從之하며 多見而識之 知之次也니라.
다문 택기선자이종지 다견이지지 지지차야

지난날의 허물

호향은 나쁜 고장이어서 그곳 사람과는 함께 얘기할게 못 되었다. 그런데 그곳 아이가 선생님을 찾아뵙자, 제자들이 당황하였다.

공자께서 말씀하셨다.

"찾아오는 이는 맞아들여야 하고, 가는 이는 막지 말아야 한다. 덮어놓고 심하게 대할 수 있겠느냐? 사람이 자신을 깨끗이 하고 바른 길로 나아가려 할 때, 그 깨끗함을 받아들인 것이니 지난날의 허물을 묻지 말아야 한다."

互鄕은 難與言이러니 童子見커늘 門人이 惑한대
호향 난여언 동자견 문인 혹

子曰, 與其進也오 不與其退也니 唯何甚이리오?
자왈 여기진야 불여기퇴야 유하심

人潔己以進이어든 與其潔也요 不保其往也니라.
인결기이 여기결야 부보기왕야

互鄕 : 마을 이름. 이 마을 사람은 이치에 맞지 않는 말을 함부로 했다 함. 互는 거스릴 오(忤)와 통한다.

※ 제자들이 잘못된 선입관으로 호향 사람들을 기피하는 것을 탓한 것이다.

인(仁)은 곧 다가온다

공자께서 말씀하셨다.

"인이 멀리 있단 말인가? 내가 인을 실천하고자 하면 인은 곧 다가온다."

子曰, 仁遠乎哉아? 我欲仁이면 斯仁至矣니라.
자왈 인원호재 아욕인 사인지의

해설 인(仁)은 곧 인간애를 뜻하는 말이다. 그것은 성인(聖人)이나 군자들만이 선(善)이 아니라, 보통사람들의 마음 속에도 깃들어 있는 것이다. 그러므로 누구나 인을 실천하길 원한다면, 곧 인자(仁者)가 될 수 있다. 이렇게 공자는 인간의 도덕적 능력을 긍정적으로 보고 있다. 이와 같은 그의 신념은 맹자의 성선설(性善說)로 자연스레 이어지는 것이다.

나는 행복하다

진(陳)나라 사패(司敗)가 물어 보았다.

"노(魯)나라 소공(昭公)은 예를 알고 계실까요?"

공자께서 말씀하셨다.

"알고 계십니다."

공자께선 이 말만을 말씀하시고 자리를 뜨셨다. 그뒤 사패는 무마기(巫馬期)에게 인사를 하더니 그를 자기 곁으로 불러서 이렇게 말했다.

"나는 군자라는 자는 패거리를 짓지 않는 걸로 알고 있는데 역시 군자에게도 그게 있을까요? 이렇게 말씀드리는 건, 소공은 오(吳)나라에서 아내를 맞았지만 자기와 동성(同姓)인지라 속여서 오맹자(吳孟子)라고 부르게 되었지요. 만일 그대로 소공이 예를 아시는 분이라면, 세상에서 예를 모르는 사람은 누가 있겠습니까?"

무마기가, 그 후 이런 말을 선생께 고했더니, 공자께서 말씀하셨다.

"나는 행복하다. 약간의 잘못이 있어도 남이 반드시 알아차리는구나."

陳司敗問, 昭公이 知禮乎이꼬? 孔子曰, 知禮시니라.
진사패문 소공 지례호 공자왈 지례

孔子退커늘 揖巫馬期 而進之 曰,
공자퇴 읍무마기 이진지 왈

吾聞君子는 不黨이라 하니 君子亦黨乎아
오문군자 부당 군자역당호

君取於吳하니 爲同姓이라 謂之吳孟子라 하니
군취어오 위동성 위지오맹자

君而知禮면 孰不知禮리오. 巫馬期以告한대
군 이 지 례 숙 부 지 례 무 마 기 이 고

子曰, 丘也幸이로다, 苟有過어든 人必知之오녀.
자 왈 구 야 행 구 유 과 인 필 지 지

司敗 : 오늘날의 사법관에 해당되는 관직명. 성은 확실하지 않음.

昭公 : 노나라의 군주. 이름은 주(稠).

巫馬期 : 공자의 문하생. 무마(巫馬)는 성, 기(期)는 자, 이름은 시(施).

同姓 : 노나라의 왕실이나 오나라의 왕실도 다같이 성이 희(姬)로서 조상을 같이했있다. 그런데, 예(禮)에는 혈족 결혼을 엄금하기 위해서 '동성은 혼인할 수 없다'고 규정되어 있었던 것이다.

※ 공자가 소공이 예를 안다고 대답한 건, 자기 나라의 군주의 일을 다른 나라의 관리 앞에서 나쁘게 말하는 게 비례(非禮)가 될 뿐 아니라, 그 수치를 차마 참을 수 없었기 때문이었으리라. 여기에 공자의 진면목이 있지 않을까 생각된다.

함께 맞추어 노래를 불렀다

공자는 남과 같이 노래를 부를 때, 남이 잘 부르면, 반드시 그로 하여금 다시 부르게 하고, 그 다음에 함께 맞추어 노래를 불렀다.

子與人歌而善이어든 必使反之하시고 而後和之러시다.
자 여 인 가 이 선 필 사 반 지 이 후 화 지

군자의 도를 실천함에는

공자께서 말씀하셨다.
"학문에 대해서라면 내가 남에게 뒤지겠는가? 그러나 군자의 도를 실천함에는 나는 아직 그런 경지에 이르지 못하고 있다."

子曰, 文莫吾猶人也아. 躬行君子는 則吾未之有得하라.
자왈 문막오유인야 궁행군자 즉오미지유득

도리를 배우고 본받는데

공자께서 말씀하셨다.
"성인(聖人)이나 인자(仁者)가 베푸는 덕은 나로서는 감히 해낼 수가 없다. 다만 그 분들의 도리를 배우고 본받는데 싫증내지 않고, 이를 다른 사람에게 가르치는데 게을리하지 않는다고는 말할 수 있을 정도이다."
공서화가 말하였다.
"바로 그 점을 저희 제자들은 따르지 못하고 있습니다."

子曰, 若聖與仁은 則吾豈敢이리오? 抑爲之不厭하며
자왈 약성여인 즉오기감 억위지불염

誨人不倦은 則可謂云爾已矣니라.
회인불권 즉가위운이이의

公西華曰, 正唯弟子不能學也로소이다.
공서화왈 정유제자불능학야

이미 오래 전부터 하고 있었다

공자께서 심하게 병을 앓자, 자로가 기도를 드리자고 했다. 이에 공자께서 "그런 일이 있느냐?"하고 묻자, 자로가 "있습니다. 뇌문에 위로는 천신에게 빌고, 아래로는 지기에게 빈다고 했습니다."라고 말했다. 그러자 공자께서 말씀하셨다.

"그런 기도라면, 나는 이미 오래 전부터 하고 있었다."

子疾病이시어늘 子路請禱한대 子曰, 有諸아?
자 질 병 자 로 청 도 자 왈 유 제

子路對曰, 有之하니 誄曰 禱爾于上下神祇라 하더이다.
자 로 대 왈 유 지 뢰 왈 도 이 우 상 하 신 기

子曰, 丘之禱久矣니라.
자 왈 구 지 도 구 의

해설 자로의 기도는, 말하자면 괴로울 때에 신께 비는 기도이고 미신적 기도를 하기 위한 게 아니었다. 하지만 스승의 병환이 몹시 위중해서 그대로 앉아만 있을 수는 없었다. 기도라도 드려봐야지 하는 생각에서 말씀드렸던 것이다. 그런데 공자가 그런 기도는 해온 지 오래 되었으니 새삼스레 할 필요가 있겠느냐는 말에 그만 자로는 그 뜻을 이루지 못하고 말았던 것이다. 공자가 이렇게 말씀하신 건 자신이 본래 하늘의 뜻을 받들어 그 뜻에 어긋남이 없이 조심했기 때문에 천지 신명께 기도를 했음과 다를 바가 없었고, 또한 미신을 벗어나지 못하고 있는 자로를 일깨우기 위한 말이었다고도 볼 수 있다. 공자의 철저한 인본주의(人本主義) 사상이 나타난 말이라고 보겠다.

공손함을 잃기보다는

공자께서 말씀하셨다.

"사치스러우면 공손함을 잃게 되고 검소하면 고루(인색)하게 되기 쉽다. 공손함을 잃기보다는 차라리 고루한 편이 더 낫다."

子曰, 奢則不孫하고 儉則固니, 與其不孫也론 寧固니라.
자왈 사즉불손 검즉고 여기불손야 영고

마음이 평온하고 너그럽지만

공자께서 말씀하셨다.

"군자는 마음이 평온하고 너그럽지만, 소인은 항상 겁내고 두려워한다."

子曰, 君子는 坦蕩蕩이요
자왈 군자 탄탕탕

小人은 長戚戚이니라.
소인 장척척

해설 군자는 진리를 탐구하고 인애(人愛)의 정신을 펼치고자 하는 사람이다. 정신적으로 수양이 되어 있고 부귀영화에 연연해 하지 않는 그는 마음이 늘 편안하고 너그럽다. 이에 반하여 소인은 부조리한 방법으로 재물과 이권을 차지하기 위해 급급해 한다. 정신적으로 수양이 안된 그는 늘 근심과 두려움에 싸여 있다. 이렇게 수양 여부에 따라 사람의 마음은 크게 달라지는 것이다.

온화하면서도 엄숙하시고

공자께서는 온화하면서도 엄숙하시고 위엄이 있으면서도 사납지 않으시며, 공손하시면서도 대하기에 편안하셨다.

子는 溫而厲하시며 威而不猛하시며 恭而安이러시다.
자 온이려 위이불맹 공이안

해설 공자의 위대한 성품을 묘사한 말이다. 공자의 인품은 중화(中和)를 얻었으므로 신비롭게 보일 것이다. 『논어』에는 여러 곳에 공자의 탁월한 인품을 묘사한 말이 많다.

공자는 제자들과 아침저녁으로 생활을 함께 하면서도 변함없는 존경과 신뢰를 얻기란 쉬운 일이 아닐 것이다. 왜냐하면 뛰어난 인물도 인간으로서의 약점과 한계를 지니고 있기 때문이다. 그러나 공자의 경우는 예외였다. 그는 늘 제자들의 존경과 숭배의 대상이었다. 이 짧은 문장에는 조화와 균형을 이룬 성인(聖人)의 인품이 잘 그려져 있다.

제8편
태백泰佰

고대 성현(聖賢)이 베푼 정치도(政治道)에 관한 말씀과 공자 자신에 관한 말씀이 실려 있는데, 그 중 증자(曾子)의 말이 뛰어나다. 배움을 권장하고 몸가짐을 바르게 하며, 도(道)를 지키고 바르게 다스리는 도리를 논한 글들이 많다. 모두 21장으로 되어 있다.

지극히 덕이 높은 분

공자께서 말씀하셨다.

"태백이야말로 지극히 덕이 높은 분이라 할 수 있다. 세 차례나 천하의 임금자리를 양보했으면서도, 은밀히 했으므로 백성들이 그의 미덕을 칭송조차 하지 못했다."

子曰, 泰伯은 其可謂至德也已矣로다!
자 왈 태 백 기 가 위 지 덕 야 이 의

三以天下讓하되 民無得而稱焉이오녀.
삼 이 천 하 양 민 무 득 이 칭 언

泰伯 : 주(周)나라 문왕(文王)의 큰아버지다. 문왕의 조부 태왕에게는 세 아들이 있었다. 태백·중옹(仲雍)·계력(季歷)이다. 계력이 바로 문왕의 아버지이다. 태왕이 세 아들 중 가장 현명한 막내아들 계력(季歷)에게 왕위를 물려주고 싶어하자, 둘째동생을 데리고 집을 떠나 숨었다. 왕이 된 계력이 낳은 아들이 뒤에 문왕이 되었고 문왕의 아들 무왕은 은나라를 물리치고 천하를 통일하였다.

해설 효성이 지극했던 태백은 아버지 고공단보의 뜻을 알고 막내동생 계력에게 왕위를 양보하였다. 후일 무왕이 은의 폭군 주왕(紂王)을 방벌하여 천하를 차지하자, 계력은 왕계(王季)로 추존되었고, 문왕·무왕은 성군(聖君)으로 일컬어졌다. 그러나 정작 태백의 덕을 알아주는 이는 없었다. 왜냐하면 그의 왕위 사양이 남이 알지 못하도록 은밀한 가운데서 이루어졌기 때문이다. 공자는 태백의 생색내지 않은 덕을 높이 보고 있는 것이다.

옛 친구를 저버리지 않으면

공자께서 말씀하셨다.

"공경스러움에도 예(禮)가 없으면 헛수고가 되고, 신중함도 예가 없으면 두려워하는 것이 되며, 용맹함도 예가 없으면 난폭한 것이 되고, 강직함도 예가 없으면 가혹하게 된다. 군자가 친척들에게 후하게 대하면 백성들이 인애(仁愛)의 기풍을 일으키게 되고, 옛 친구를 저버리지 않으면 백성들의 마음도 야박해지지 않는다."

子曰, 恭而無禮則勞하고 愼而無禮則葸하고
자왈 공이무례즉노 신이무례즉사

勇而無禮則亂니라,
용이무례즉난

直而無禮則絞니라. 君子篤於親 則民興於仁하고
직이무례즉교 군자독어친 즉민흥어인

故舊不遺 則民不偸니라.
고구불유 즉민불투

얇은 얼음을 밟듯 하라

증자가 병을 앓자, 제자들을 불러 말했다.

"내 발을 펴 보아라! 내 손을 펴 보아라! 『시경』에 '전전긍긍하여 깊은 못 가에 서 있는듯, 얇은 얼음을 밟듯 하라'고 했다. (그러므로 나는 그간 몸을 조심하였는데) 이제부터는 내가 걱정을 면하게 되었구나! 제자들아!"

曾子有疾하자, 召門弟子曰, 啓予足하며 啓予手하라.
증자유질 소문제자왈 계예족 계예수

詩云, 戰戰兢兢 如臨深淵하며 如履薄氷이라 하니
시운 전전긍긍 여임심연 여리박빙

而今而後에야 吾知免夫와라 小子아.
이금이후 오지면부 소자

曾子 : 공자의 제자, 효도(孝道)로 이름이 높았다.
詩云 : 『시경』「소아(小雅)」 소민편(小旻篇)에 있다.

해설 부모가 준 몸을 온전하게 간직해야, 부모에게 효도하고 또 문화를 계승 발전시킬 수있다. 그러므로 『효경(孝經)』에서 '신체발부(身體髮膚) 수지부모(受之父母) 불감훼손(不敢毁損) 효지시야(孝之始也)'라고 했다.

군자의 세 가지 예도

증자가 병에 걸리자 맹경자가 문병을 왔다.

이에 증자가 그에게 말했다. "새가 죽으려 할 때는 울음소리가 애처롭고, 사람이 죽으려 할 때는 그의 말이 착합니다. 군자로서 소중히 여길 바 세 가지의 예도가 있습니다. 몸놀림을 예에 맞게 하면 난폭을 멀리할 것이며, 안색을 예에 맞게 지니면 신의를 가까이할 것이며, 말을 예에 맞게 하면 비천한 억지를 멀리할 것입니다. 제사 때 제기를 다루는 일은 전담자에게 맡기십시오."

曾子有疾이어늘 孟敬子問之러니
증자유질 맹경자문지

曾子言曰, 鳥之將死에 其鳴也哀하고
증 자 언 왈 조 지 장 사 기 명 야 애

人之將死에 其言也善이니라.
인 지 장 사 기 언 야 선

君子所貴乎道者三이니 動容貌에 斯遠暴慢矣며
군 자 소 귀 호 도 자 삼 동 용 모 사 원 포 만 의

正顔色에 斯近信矣며
정 안 색 사 근 신 의

出辭氣에 斯遠鄙倍矣니 籩豆之事 則有司存이니라.
출 사 기 시 원 비 배 의 변 두 시 사 슥 유 사 존

孟敬子 : 노(魯)의 대부. 이름은 첩(捷), 맹무백(孟武伯)의 아들, 경자(敬子)는 시호.

갖고 있으면서도 없는 듯하고

증자가 말하였다.

"유능하면서도 재능이 없는 사람한테 가르침을 청하고, 학식이 많은 데도 학식이 적은 사람에게 물으며, 갖고 있으면서도 없는 듯하고, 꽉 차 있으면서도 텅 빈 듯하며, 남에게 욕을 보아도 잘잘못을 따지지 않으며 다투지 않는다. 옛날에 나의 친구가 이를 실천하며 살았다."

曾子曰, 以能問於不能하며 以多問於寡하며 有若無하며,
증 자 왈 이 능 문 어 불 능 이 다 문 어 과 유 약 무

實若虛하며 犯而不校를 昔者吾友嘗從事於斯矣러니라.
실 약 허 범 이 불 교 석 자 오 우 상 종 사 어 사 의

참으로 군자다운 사람

증자가 말하였다.

"안심하고 어린 임금의 보필을 부탁할 수 있고, 백 리 되는 나라의 사직을 맡길 수 있으며, 존망이 달린 위급한 때에도 절개를 굽히지 않는다면 군자다운 사람일까? 참으로 군자다운 사람이다."

曾子曰, 可以託六尺之孤하며 可以寄百里之命이오
증 자 왈 가 이 탁 육 척 지 고 가 이 기 백 리 지 명

臨大節而不可奪也면 君子人與아 君子人也니라.
임 대 절 이 불 가 탈 야 군 자 인 여 군 자 인 야

六尺之孤 : 15세 이하의 고아. 여기서는 나이 어린 임금.
百里之命 : 사방 백 리 되는 나라의 운명.

인(仁)의 실현을 자신의 임무로

증자가 말하였다.

"선비는 반드시 뜻이 넓고 굳세어야 한다. 그것은 임무는 막중하고 갈 길이 멀기 때문이다. 인(仁)의 실현을 자신의 임무로 삼으니 또한 책임이 무겁지 않겠는가? 죽은 뒤에야 이 일이 끝나는 것이니, 그 길이 역시 멀지 않겠는가?"

曾子曰, 士不可以不弘毅니 任重而道遠이니라
증 자 왈 사 불 가 이 불 홍 의 임 중 이 도 원

仁以爲己任이니 不亦重乎아?
인 이 위 기 임 불 역 중 호

死而後已니 不亦遠乎아?
사 이 후 이　　불 역 원 호

士 : 선비, 인정(仁政)과 덕치(德治)를 달성한 군자.
弘 : 뜻이 크다. 도량이 넓다.
毅 : 의지가 강하다. 굳세다.

음악으로써 인격을 완성

공자께서 말씀하셨다.
"시로써 감흥을 불러일으키고, 예로써 행동거지를 바르게 세우고, 음악으로써 인격을 완성시킨다."

子曰, 興於詩하며 立於禮하며 成於樂이니라.
자 왈　흥 어 시　　입 어 예　　성 어 악

도리를 따르게 할 수는 없지만

공자께서 말씀하셨다.
"백성들이란 도리를 따르게 할 수는 있지만, 그 깊은 이치를 다 알게 할 수는 없다."

子曰, 民은 可使由之요 不可使知之니라.
자 왈　민　가 사 유 지　불 가 사 지 지

해설 옛날에는, 일반 백성은 무지하고 몽매한 사람이 많았다.

그래서 학문과 예법과 정책의 원리를 알게 할 수는 없었다. 따라서 위정자(爲政者)가 정당한 방법을 제시하여 이를 백성으로 하여금 따르게 해야 한다는 말씀이다.

사람이 어질지 못하다고 해서

공자께서 말씀하셨다.

"용맹스러운 것을 좋아하면서 가난을 싫어하면 난동을 일으키게 된다. 사람이 어질지 못하다고 해서 그것을 지나치게 미워해도 난동이 일어나게 된다."

子曰, 好勇疾貧이 亂也요 人而不仁을 疾之已甚이 亂也니라.
자왈 호용질빈 난야 인이불인 질지이심 난야

훌륭한 재능을 지니고 있다 하더라도

공자께서 말씀하셨다.

"만약 주공처럼 훌륭한 재능을 지니고 있다 하더라도, 남에게 교만하거나 혹은 인색하다면 그 나머지는 볼 것도 없다."

子曰, 如有周公之才之美로도 使驕且吝이면
자왈 여유주공지재지미 사교차린

其餘不足觀也니라.
기여부족관야

해설 사회 지도층에 있는 인물이 가장 경계해야 할 점은 교만함과 인색함일 것이다. 교만은 원래 부귀에서 비롯되고, 인색은 마음이 어질지 않고 욕심이 많은 데서 나온 것이다. 만약 주나라의 문물제도와 예악의 집대성자인 주공같이 출중한 인물도 이런 단점이 있었다면 성인(聖人)이라고 불리울 수 없었을 것이다. 공자는 위정자가 포용력이 없고 몰인정해서는 아니됨을 강조하고 있다. 다시 말하자면 이런 악덕을 지닌 자는 위정자로서의 자격이 없는 것이다.

벼슬에 뜻을 두지 않음은

공자께서 말씀하셨다.
"삼 년을 배우고도 벼슬에 뜻을 두지 않음은 쉬운 일이 아니다."

子曰, 三年學에 不至於穀을 不易得也니라.
자왈 삼년학 부지어곡 불이득야

三年學 : 삼 년 동안 공부하다. 여기서는 여러 해 동안 학업에 힘씀을 의미한다.

도가 없으면 숨어라

공자께서 말씀하셨다.
"독실하게 믿고 배우기를 좋아하며, 죽음으로써 도를 지키고 높여야 한다. 위태로운 나라에는 들어가지 말고, 문란한 나라에는 살지 말라. 천하에 도가 있으면 나타나고, 도가 없으면 숨어라. 나라에 도가 있는데 가난하고 천하게 산다면 부끄러운 일이며, 나라에 도가 없는데 부귀를 누린다면 이 또한 부끄러운 일이다."

子曰, 篤信好學하며 守死善道니라.
자왈 독신호학 수사선도

危邦不入하고 亂邦不居하며
위방불입 난방불거

天下有道則見하고 無道則隱이니라.
천하유도즉견 무도즉

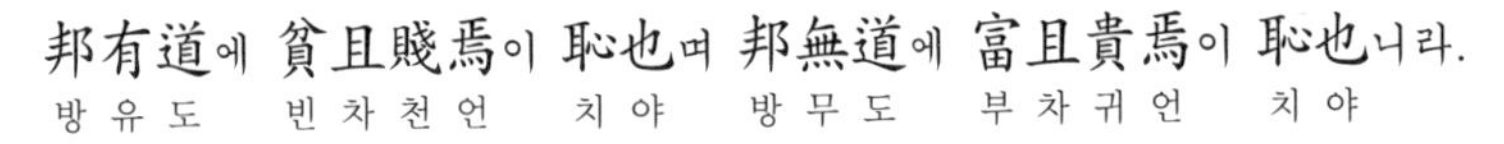
邦有道에 貧且賤焉이 恥也며 邦無道에 富且貴焉이 恥也니라.
방유도 빈차천언 치야 방무도 부차귀언 치야

그 직위에 있지 않으면

공자께서 말씀하셨다.
"그 직위에 있지 않으면, 그 정사를 논하지 말라."

子曰, 不在其位하얀 不謀其政이니라.
자왈 부재기위 불모기정

아름다운 음악 소리

공자께서 말씀하셨다.
"노(魯)나라의 악사 지(摯)가 초기에 연주한 관저의 종장은, 아름다운 음악 소리가 귀에 가득차 넘쳐 흘렀다."

子曰, 師摯之始에 關雎之亂이 洋洋乎 盈耳哉라.
자왈 사지지시 관저지난 양양호 영이재

師摯 : 노(魯)나라 악관(樂官)의 대사(大師). 지(摯)는 이름.
始 : 초기에. 시(始)에 대해서는 여러 가지 설이 많다.
關雎之亂 : 『시경』 관저편을 연주한 종장(終章), 난(亂)은 악곡(樂曲)의 종장.
洋洋乎 : 아름다운 음악 소리가 넘쳐 퍼지다.

신의마저 없는 사람을

공자께서 말씀하셨다.

"과격하면서도 마음이 곧지 못하고, 아는 것도 없으면서 착실하지 않으며, 무능하면서도 신의마저 없는 사람을 나로서는 어찌해야 좋을지 모르겠다."

子曰, 狂而不直하며 侗而不愿하며
자왈 광이부직 동이불

悾悾而不信을 吾不知之矣로라!
공공이불신 오부지지의

배운 것을 잃어버릴까 두려워하며

공자께서 말씀하셨다.

"학문은 따라가지 못할 듯이 서둘러 배우고, 배운 것을 잃어버릴까 두려워하며 소중히 간직해야 한다."

子曰, 學如不及이오 猶恐失之니라.
자왈 학여불급 유공실지

참으로 높고 위대하도다

공자께서 말씀하셨다.

"참으로 높고 위대하도다! 순임금과 우임금께서는 천하를 지니고 다스리면서도, 다른 사람에게 선양했다."

子曰, 巍巍乎 舜禹之有天下也 而不與焉이여.
자왈 외외호 순우지유천하야 이불여언

巍巍乎 : 巍는 깎아지른 듯이 높고 우뚝 솟은 모양. 높고 위대하다.

찬연히 빛을 발하리라

공자께서 말씀하셨다.

"위대하도다! 요의 임금됨이여! 높고 위대하도다! 오직 하늘만이 그토록 높고 클 수 있나니, 요는 하늘을 따라 본받았노라! 그 덕이 넓고넓어 백성들이 말로 칭송할 수 없노라! 높고높은 그의 공적이여! 그의 문물이 찬연히 빛을 발하리라!"

子曰, 大哉라 **堯之爲君也**여
자왈 대재 요지위군야

巍巍乎 唯天이 **爲大**시어늘 **唯堯則之**하시니
외외호 유천 위대 유요즉지

蕩蕩乎 民無能名焉이로다.
탕탕호 민무능명언

巍巍乎 其有成功也여 **煥乎 其有文章**이여.
외외호 기유성공야 환호 기유문장

주나라의 덕(德)

순은 신하 다섯 명을 가졌었는데 천하가 잘 다스려졌다. 무왕이 말했다.

"나에게는 좋은 신하가 열 명 있다."

공자께서는 이에 대해 말씀하셨다.

"인재를 얻기가 어렵다고 했는데, 참 그렇지 않으냐? 당후 이후로는 주나라 때가 가장 흥성했는데 그 중 부인이 있었으니, 나머지는 아홉 명뿐이었다. 주나라는 천하의 3분의 2를 가졌으면서도 여전히 은나라에 복종했으니, 주나라의 덕은 참으로 지극한 것이라고 말할 수 있다."

舜有臣五人 而天下治니라.
순 유 신 오 인 이 천 하

武王曰, 予有亂臣十人호라.
무 왕 왈 예 유 난 신 십 인

孔子曰, 才難이 不其然乎아 唐虞之際 於斯爲盛하니
공 자 왈 재 난 부 기 연 호 당 우 지 어 사 위

有婦人焉이라 九人而已니라.
유 부 인 언 구 인 이 이

三分天下에 有其二하사 以服事殷하시니
삼 분 천 하 유 기 이 이 복 사 은

周之德은 其可謂至德也已矣로라.
주 지 덕 기 가 위 지 덕 야 이 의

舜有臣五人 : 순임금은 다섯 명의 충신이 있었다. 사공(司空) 우(禹)는 토목 치수를 담당했고, 후직(后稷) 기(棄)는 농업을 담당했고, 사도(司徒) 설(契)은 교육 교화를 담당했고, 사구(司寇) 고요(皐陶)는 사법을 담당했고, 백익(伯益)은 산택(山澤)

수렵(狩獵)을 담당했다.

武王 : 주나라 문왕(文王)의 아들, 주공(周公)의 형. 은(殷)의 폭군 주(紂)를 방벌하고 주나라를 창건했다.

予有亂臣十人 : 나에게는 나라를 다스리는 데 기여한 신하가 열 명 있었다. 난(亂)은 치(治)의 뜻. 아버지 문왕의 후(后) 태사(太似), 동생 주공단(周公旦), 소공석(召公奭), 군사 태공망(太公望), 필공(畢公), 영공(榮公), 태전(太顚), 굉요(忓夭), 산의생(散宜生), 남궁괄(南宮适) 등 열 명이다.

우(禹)임금에 대해서

공자께서 말씀하셨다.

"우임금에 대해서 나는 비난할 수 없다. 자신의 음식은 형편없으면서도 조상에게 제사를 지낼 때에는 정성껏 모셨다. 자신의 의복은 검소하게 입으면서도 제사 때의 예복은 정성을 다해 아름답게 꾸몄다. 자기가 사는 궁궐은 허름하게 하면서도 농사에 필요한 물길을 파는 데는 온 힘을 다했다. 우임금에 대해서 나는 흠잡을 수가 없다."

子曰, 禹는 吾無間然矣로라. 菲飮食 而致孝乎鬼神하시며
자 왈 우 오 무 간 연 의 비 음 식 이 치 효 호 귀 신

惡依服 而致美乎黻冕하시며 卑宮室 而盡力乎溝洫하시니
악 의 복 이 치 미 호 불 면 비 궁 실 이 진 력 호 구 혁

禹吾無間然矣로다.
우 오 무 간 연 의

해설 우임금은 낮고 허술한 궁실에서 간소한 음식과 의복으로 생활하였다. 그러나 제사에 쓸 제물이나 전답의 용수로 공사에는 늘 최선을 다하였다. 백성들은 홍수를 다스린 우임금의 공로를

잊지 못하여, 그의 사후에는 자손들이 계속 왕위를 잇도록 하였다. 그리하여 그는 하왕조의 시조가 된 것이다.

제9편
자한子罕

공자의 덕행(德行)에 관한 것과 만년의 말씀이 수록되어 있다. 모두 30장으로 되어 있다.

천명이나 인덕과 더불어

공자께서는 세속적인 이득에 관한 문제는 말씀하시지 않으셨다. 때때로 여쭈어 보면, 반드시 천명이나 인덕과 더불어 관련지어 말씀하셨다.

子는 罕言利하시며 與命하시며 與仁이러시다.
자 한언리 여명 여인

해설 공자는 도덕적으로 타락한 세상에서, 설사 세속적인 이득을 얻고 또 부귀영화를 누리는 것을 '하늘이 복을 내렸다, 혹은 인덕이 있어서 그렇다'는 식으로 말하지 않았다는 뜻이다. 악덕한 세상에서 잘사는 것은 악덕하기 때문이다.

차라리 수레 모는 일로

달항의 마을 사람이 말했다.

"참 크기도 하다. 공자는 박학다식하면서도, 한 가지 특출한 기능으로 그의 명성을 내게 할 수가 없으니!"

이 말을 들은 공자께서 제자에게 말씀하셨다.

"내가 무엇을 가지고 이름을 내야 할까? 수레 모는 일로 이름을 낼까? 활 쏘는 일로 이름을 낼까? 차라리 수레 모는 일로 이름을 내리라."

達巷黨人曰, 大哉라 孔子여 博學而無所成名이로다.
달항당인왈 대재 공자 박학이무소성명

子聞之하시고 謂門弟子曰, 吾何執고
자 문 지 위 문 제 자 왈 오 하 집

執御乎아 執射乎아 吾執御矣로리라.
집 어 호 집 사 호 오 집 어 의

達巷黨 : 달(達)은 마을의 이름, 자세히 알 수 없다. 항당(巷黨)은 마을

여러 사람의 방법과 다르더라도

공자께서 말씀하셨다.

"삼실로 만든 면관을 쓰는 것이 예법에 맞는다. 지금은 명주실의 면관을 쓰는 것은 절감하기 위해서다. 나도 여러 사람의 방법을 따르겠다. 대청 아래에서 절하는 것이 예법에 맞지만, 지금은 대청 위에서 절을 하니 이는 교만한 짓이다. 비록 여러 사람의 방법과 다르더라도 나는 대청 아래에서 절을 하겠다."

子曰, 麻冕이 禮也어늘 今也純하니 儉이라 吾從衆하리라.
자 왈 마 면 예 야 금 야 순 검 오 종 중

拜下이 禮也어늘 今拜乎上하니
배 하 예 야 금 배 호 상

泰也라 雖違衆이나 吾從下하리라.
태 야 수 위 중 오 종 하

麻冕 : 삼실로 짠 검은 색의 면관. 예관(禮冠), 제관(祭冠).
純 : 명주실로 짠 관. 拜下 : 신하가 당 아래에서 절을 한다.
泰也 : 거만하고 교만함이다.

해설 예법(禮法)을 존중하고 실천하되, 예법의 근본 원리와 기본정신을

이해하고 따라야 한다. 근검 절약하는 것도 예의 기본에 맞는다. 그러므로 명주실로 만든 제관을 쓸 수도 있다. 교만은 예에 어긋난다.

다음의 네 가지를

공자께서는 다음의 네 가지를 전혀 하지 않으셨다. 곧, 사사로운 뜻이 없었다, 반드시 그렇다고 단정을 내리지 않았다, 고집에 매이지 않았다, 독단적인 아집이 없었다.

子絶四러시니 毋意하고 毋必하고
자 절 사 　　무 의 　　무 필

毋固하고 毋我러시다.
무 고 　　무 아

하늘이 그 문화를 없애려고

공자가 광(匡)에서 위태로운 지경에 빠졌을 때 말씀하셨다.

“문왕은 이미 돌아가셨지만, 그분이 남긴 문화는 나에게 전해져 있지 않으냐? 하늘이 그의 문화를 없애려고 했다면, 후세 사람들이 그 문화에 관여하지 못했을 것이다. 하늘이 그 문화를 없애려고 하지 않으니, 광의 사람인들 나를 어찌 해치겠느냐?”

子이 畏於匡이러시니 曰, 文王旣沒하시니 文不在茲乎아?
자 　외 어 광 　　왈 　문 왕 기 몰 　　문 부 재 자 호

天之將喪斯文也신대 後死者 不得與於斯文也어니와
천 지 장 상 사 문 야 　　후 사 자 　부 득 여 어 사 문 야

天之未喪斯文也시니 匡人이 其如予何리오?
천지미상사문야 광인 기여예하

子畏於匡 : 공자가 광(匡)에서 위협을 받았다, 위험에 빠졌다. 광은 위(衛)의 지명.
文王 : 주 문왕. 무왕(武王)의 아버지. 인덕(仁德)이 높아, 천의 3분의 2가 그에게 귀속되었으며, 그 바탕 위에서 무왕의 방벌(放伐)이 성공할 수 있었다.

군자가 다능해야 하느냐?

태재(大宰)가 자공(子貢)을 찾아가서 말하였다.

"공선생과 같은 사람이야말로 성인이라고 할 수 있겠지요. 아주 다능하시니까요."

자공이 대답했다.

"본래 천의(天意)에 맞는 덕이 많으신 분이어서, 참으로 성인의 경지에 이르셨습니다. 게다가 또 다능하시기도 합니다."

이 문답을 들으시고, 공자께서 말씀하셨다.

"태재는 참 나를 잘 알고 계시다. 나는 젊었을 때엔 비천한 몸이어서 쓸데없는 일에 능하기는 했다. 하지만 군자가 다능해야 하느냐? 아니다. 다능하지 않다."

이에 대해 자장이 말하였다.

"공자께서 말씀하시기를, '나는 관직에 등용되지 않았기 때문에 여러 가지 재주를 익히게 되었다'라고 하셨다."

大宰問於子貢曰, 夫子는 聖者與아 何其多能也오.
대재문어자공왈 부자 성자여 하기다능야

子貢曰, 固天縱之將聖이고 又多能也시니라.
자공왈 고천 지장성 우다능야

子聞之曰, 大宰知我乎아 吾少也賤이라 故多能鄙事하니
자 문 지 왈 대 재 지 아 호 오 소 야 천 고 다 능 비 사

君子多乎哉아 不多也니라.
군 자 다 호 재 부 다 야

牢曰, 子云 吾不試 故로 藝라 하시니라.
뢰 왈 자 운 오 불 시 고 예

大宰 : 오(吳)나라의 재상(宰相) 비(嚭), 태재는 재상. 『좌전(左傳)』에 보면, 애공(哀公)이 만났다는 기록이 있다. 그때에 문답(問答)이 있었을 것이다. 애공 12년이면, 기원전 483년으로 공자의 나이 69세 때였다. 大를 太와 함께 쓴다.

問於子貢 : 자공에게 물었다.

夫子 : 선생님, 공자.

聖者與 : 성인일까? 성인이라 할 수 있을까?

牢 : 공자의 제자, 자장(子張).

子云 : (전에) 선생님이 말씀하셨다.

내가 아는 것이 있겠는가?

공자께서 말씀하셨다.

"내가 아는 것이 있겠는가? 아는 게 별로 없다. 그러나 비천하고 무식한 사람이라도 나에게 성실히 물어오면, 나는 아는 것을 모두 털어서 알려주고자 한다."

子曰, 吾有知乎哉아? 無知也로다.
자 왈 오 유 지 호 재 무 지 야

有鄙夫問於我하되 空空如也라도
유 비 부 문 어 아 공 공 여 야

我叩其兩端而竭焉하노라.
아 고 기 양 단 이 갈 언

乎哉 : 의문 조사.
無知也 : 아는 것이 없다.
鄙夫 : 비천하고 무식한 사람.
空空如也 : 空은 정성 공(悾), 태도가 성실하고 겸허하다.
叩 : 묻다. 두드리다.
兩端 : 양쪽 다. 본말(本末), 시종(始終).

하늘에서 봉황새도 오지 않고

공자께서 한탄하며 말씀하셨다.
"하늘에서 봉황새도 오지 않고, 황하에서는 도문도 나오지 않으니, 나도 그만이구나!"

子曰, 鳳鳥不至하며 河不出圖하니 吾已矣夫인저.
자 왈 봉 조 부 지 하 부 출 도 오 이 의 부

鳳鳥不至 : 하늘에서는 봉황새가 내려오지 않는다. 봉조(鳳鳥)는 봉황(鳳凰), 성군(聖君)이 덕치(德治)를 펴면 나타난다고 하는 상서로운 신조.
河不出圖 : 황하(黃河)에서는 하도(河圖)가 나타나지 않는다. 하도(河圖)는 성왕(聖王)이 나타나면 황하에서, 용마(龍馬)가 그 등에 팔괘를 그린 신비한 도문(圖文)을 지고 나타난다고 한다.

반드시 일어나 예를 차리고

공자께서는 상복을 입은 사람을 보거나, 혹은 예복을 갖춰 입은 사람이나 장님을 만나면, 그들이 비록 젊을지라도 반드시 일어나 예를 차리고, 또 그 앞을 지나갈 때는 반드시 총총걸음으로 빨리

지나가셨다.

子見齊衰者와 冕衣裳者와 與瞽者하시고
자 견 자 최 자　　면 의 상 자　　여 고 자

見之에 雖少必作하시며 過之必趨러시다.
견 지　　수 소 필 작　　　　과 지 필 추

子見 : 공자가 보다.
齊衰者 : 부모의 상복을 입은 사람. 구분해서 말하면, 자최(齊衰)는 어머니의 상복, 참최(斬衰)는 아버지의 상복.

나의 식견을 넓게 해주시고

안연이 감탄하며 말했다.

"선생님은 우러러볼수록 더욱 높고, 뚫고 들어갈수록 더욱 굳다. 앞에 있는 듯이 보였다가 홀연히 뒤에 있는 듯하기도 하다. 선생님은 차근차근 사람을 유도하고 계발하신다. 학문으로써 나의 식견을 넓게 해주시고, 예로써 나의 언행을 단속해 주신다. 그만두려 해도 그만둘 수 없으므로, 나도 모르게 나의 재능을 다해서 좇아 배우고 따라가려 한다. 그러나 선생님은 더욱 우뚝 높은 지표를 내세우시므로, 좇아가려고 해도 끝내 좇을 도리가 없다."

顔淵이 喟然歎曰, 仰之彌高하며 鑽之彌堅하며
안 연　　위 연 탄 왈　　앙 지 미 고　　　찬 지 미 견

瞻之在前이러니 忽焉在後로다.
첨 지 재 전　　　　홀 언 재 후

夫子 循循然 善誘人하사 博我以文하시고 約我以禮하시니라.
부자 순순연 선유인 박아이문 약아이례

欲罷不能하야 旣竭吾才하니 如有所立이 卓爾라.
욕파부능 기갈오재 여유소립 탁이

雖欲從之나 末由也已로라.
수욕종지 말유야이

顏淵 : 공자가 가장 아끼던 수제자.

해설 인연(顏淵)은 과묵(寡默)했다. 그래서 공자도 "내가 안연에게 하루종일 말을 해도, 그는 반론을 제기하지 않는다. 흡사 어리석은 사람 같다(吾與回言終日 不違如愚)."라고 말했다. 그러나 그가 입을 열고 공자의 인품과 학덕(學德)을 높인 이 말은 최고의 명언이다. 공자에 대한 최고의 평가라 하겠다.

누구를 속이려는 것이냐?

공자가 심하게 병을 앓자, 자로가 문인으로 하여금 공자의 가신이 되게 하고 (장례식에 참석케 하고자 꾸몄다).

후에 병이 소강상태에 들어가자, 공자께서 말씀하셨다.

"그간 오래도록 자로가 속여왔구나. 가신 없는 나에게 가신이 있는 것처럼 꾸몄으니, 누구를 속이려는 것이냐? 하늘을 속이자는 것이냐? 또한 나는 가신들 앞에서 죽느니보다는 차라리 그대들 앞에서 죽는 것이 좋을 것이다. 또 내가 비록 성대하게 장례를 치르지못한다 해도, 길에서 죽도록 그대들이 내버려 두겠는가?"

子疾病이시어늘 子路使門人으로 爲臣이러니
자 질 병 자 로 사 문 인 위 신

病間曰, 久矣哉라 由之行詐也여 無臣而爲有臣하니
병 간 왈 구 의 재 유 지 항 사 야 무 신 이 위 유 신

吾誰欺오? 欺天乎아 且予與其死於臣之手也론
오 수 기 기 천 호 차 예 여 기 사 어 신 지 수 야

無寧死於二三子之手乎아.
무 녕 사 어 이 삼 자 지 수 호

且予縱不得大葬이나 予死於道路乎아.
차 여 종 부 득 대 예 사 어 도 로 호

子路 : 공자의 수제자 중의 한 사람, 적극적인 행동파.

使門人爲臣 : 문인들을 가신(家臣)으로 꾸미다. 문인은 문하생, 학생들. 옛날에는 제후(諸侯)만이 죽기 전에 가신을 두고 상례 준비를 할 수 있었다. 그러나 당시 대부(大夫)들도 예법을 어기고 가신을 두었다. 공자는 전에 노(魯)나라의 대부를 지냈다. 그러나 벼슬에서 물러났으므로 가신을 둘 수 없었다. 그런데도 의협(義俠)한 자로가 공자를 위해 가신을 꾸몄던 것이다.

좋은 값을 놓는 사람을

자공이 물었다.

"여기 아름다운 옥이 있다면, 궤 안에 감춰 두시겠습니까? 혹은 좋은 값을 놓는 사람을 찾아 파시겠습니까?"

공자께서 말씀하셨다. "팔고 말고, 팔고 말고! 나는 값을 놓을 사람을 기다리고 있다.

子貢曰, 有美玉於斯하니 韞匵而藏諸이꼬?
자 공 왈 유 미 옥 어 사 온 독 이 장 제

求善賈而沽諸이꼬?
구 선 가 이 고 제

子曰, 沽之哉라 沽之哉라 我待賈者也로라.
자 왈 고 지 재 고 지 재 아 대 가 자 야

해설 공자의 정치 참여를 암시한 말이다. 난세(亂世)에 나타나지 말고 숨으라고 말한 뜻은 악(惡)에 가담하지 말라는 뜻이다. 학문과 덕행을 겸비한 군자는 난세를 바로잡고, 인정(仁政)과 덕치(德治)를 펴서, 만민을 잘살게 하고 아울러 천하를 평화롭게 할 책임이 있다. 그러나 현실적으로 통치자들이 우매하거나 혹은 포악무도하기 때문에 선비들을 등용하지 않고 있는 것이다. 공자는 하루 빨리 현명한 임금이 나오기를 바라고 있었다.

군자가 자리잡고 살면

공자께서 도(道)가 행하여 지지 않음을 한탄하시어 구이(九夷)의 땅에 가서 살고자 했다. 이에 어떤 사람이 말했다.

"거기는 누추할 텐데 어찌 지내시려 하십니까?"

공자께서 말씀하셨다.

"군자가 자리잡고 살면 어찌 누추함이 있겠는가?"

子欲居九夷러시니 或曰, 陋커늘 如之何잇가?
자 욕 거 구 이 혹 왈 루 여 지 하

子曰, 君子居之면 何陋之有리오?
자 왈 군 자 거 지 하 루 지 유

九夷 : 동쪽 지역에 있는 아홉 개의 오랑캐 나라. 이족(夷族) 지역. 은(殷)나라로 추정함.

음악이 바로잡혔다

공자께서 말씀하셨다.

"내가 위나라에서 노나라로 돌아온 후에 음악이 바로잡혔고, 아(雅)와 송(頌)도 제자리를 얻었다."

子曰, 吾自衛反魯 然後에 **樂正**하야 **雅頌**이 **各得其所**하니라.
자 왈 오 자 반 노 연 후 낙 정 아 송 각 득 기 소

自衛反魯 : 위나라에서 노나라로 돌아오다. 공자가 14년간의 편력(遍歷)을 마치고 돌아온 때는 애공(哀公) 11년(기원전 484년)이다. 공자의 나이 68세 때다. 그후 73세로 서거할 때까지, 약 5년간 강학(講學)과 고전 정리 및 문물제도를 바로잡는 데 애를 썼다. 『시경(詩經)』도 그 중에 포함된다.

雅頌 : 아(雅)는 주(周)의 왕실(王室)이나 귀족들의 향연(饗宴)에서 연주하던 악곡(樂曲), 송(頌)은 종묘에서 제사지낼 때의 무악(舞樂)이다.

술로 인해 문란해지지 않는다

공자께서 말씀하셨다.

"나가서는 군주나 제후를 섬기고, 집안에서는 부형을 섬기며, 상례는 정성을 다 기울여 치르며, 술로 인해 문란해지지 않는다. 이런 것들을 나는 쉽게 행할 수 있다."

子曰, 出則事公卿하고 **入則事父兄**하며
자 왈 출 즉 사 공 경 입 즉 사 부 형

喪事를 **不敢不勉**하며 **不爲酒困**이 **何有於我哉**오?
상 사 불 감 불 불 위 주 곤 하 유 어 아 재

出 : 밖으로 나가다. 출사(出仕)하다.
事 : 섬기다.
公卿 : 公이나 卿처럼 높은 관직에 있는 사람.
酒困 : 술로 인한 난동. 과음하여 난동을 부리는 일.

해설 공자는 가족과 사회의 일원으로서 지켜야 할 성실·효도·공경의 덕목을 강조하고 있다. 또한 술을 마시되 이성을 잃는 일이 있어서는 아니된다는 점도 언급하고 있다.

가는 것은 모두 이와 같아서

공자께서 냇가에서 말씀하셨다.
"가는 것은 모두 이와 같아서, 밤낮으로 쉬지 않고 흐르는구나!"

子在川上曰, 逝者如斯夫인저! 不舍晝夜로다.
자 재 천 상 왈 서 자 여 사 부 불 사 주 야

덕을 좋아하기를 여자 좋아하듯이

공자께서 말씀하셨다.
"나는 아직 덕을 좋아하기를 여자 좋아하듯이 하는 사람을 보지 못했다."

子曰, 吾未見好德을 如好色者也케라.
자 왈 오 미 견 호 덕 여 호 색 자 야

흙 한 삼태기를 덮어도

공자께서 말씀하셨다.

"학문을 비유컨대, 산을 쌓아 올림과 같다. 흙 한 삼태기가 모자라는 상황에서 중지했다면 그것은 내가 중지한 것이다. 또 비유컨대 땅을 평탄하게 고르는 데 있어 흙 한 삼태기를 덮어도 일이 진전되거늘 그것도 내가 한 것이다."

子曰, 譬如爲山에 未成一簣하여 止도 吾止也라.
자 왈 비 여 위 산 미 성 일 궤 지 오 지 야

譬如平地에 雖覆一簣나 進도 吾往也니라.
비 여 평 지 수 복 일 궤 진 오 왕 야

해설 줄기찬 노력으로 끝내 일을 완성하는 사람도 있고, 끈기의 부족으로 일이 거의 완성되어갈 무렵에 도중하차 하는 사람도 있다. 전진하여 일을 완성하든, 중단하여 실패로 끝나든 그 일에 대한 책임은 본인에게 있는 것이다.

말해 준 것을 게으르지 않고

공자께서 말씀하셨다.

"말해 준 것을 게으르지 않고 행한 사람은 회(回)일 것이다."

子曰, 語之而不惰者는 其回也與인저.
자 왈 어 지 이 불 타 자 기 회 야 여

語之 : 말해주다. 지(之)는 말해주는 대상을 표시하는 형식 목적어.

앞으로 나가는 것만 보았지

공자께서 안회를 평하여 말씀하셨다.

" 아깝구나! (그가 죽다니!) 나는 그가 앞으로 나가는 것만 보았지, 그 자리에 머무는 것을 보지 못했다."

子謂顏淵曰, 惜乎라 吾見其進也요 未見其止也하라.
자위안연왈 석호 오견기진야 미견기지야

꽃은 피었어도 열매를

공자께서 말씀하셨다.

"싹은 돋았어도 꽃을 피우지 못하는 것도 있으며, 꽃은 피었어도 열매를 맺지 못하는 것도 있다."

子曰, 苗而不秀者有矣夫며! 秀而不實者有矣夫인저!
자왈 묘이불수자유의부 수이불실자유의부

苗 : 싹. 싹이 나다. 학문 공부에 비유한 말.

명성이 들리지 않는다면

공자께서 말씀하셨다.

"뒤에 태어난 젊은 사람이 가히 두렵다. 그들이 지금의 우리만 못하리라는 것을 어찌 알겠는가? 사십, 오십이 되어서도 명성이 들리지 않는다면 그 또한 두려워할 것이 못 된다."

子曰, 後生可畏니 焉知來者之不如今也리오?
자 왈 후 생 가 외 언 지 내 자 지 불 여 금 야

四十五十而無聞焉이면 斯亦不足畏也已니라.
사 십 오 십 이 무 문 언 사 역 부 족 외 야 이

後生可畏 : '젊은 후배들은 두려워할 만하다.' 곧 젊은이는 장차 얼마나 큰 역량을 나타낼지 모르기 때문에 함부로 대하기 어렵다는 말.

해설 공자는 자기의 학문적 성취에 만족하여 권위의식에 빠져있는 사람은 아니었다. 교육자인 그는 젊은이들의 미래에 기대를 걸고 있었다. 그리고 그들 중에는 선배를 능가하는 실력자도 나올 수 있으리라 믿었다. 그러나 그렇게 되기 위해서는 학문에의 끊임없는 자기 정진이 있어야만 한다. 공자는 후학들에게 노력에 의한 자기 향상을 가르치고 있는 것이다.

잘못을 고치지 않는다면

공자께서 말씀하셨다.

"바른 말을 따르지 않을 수 있겠는가? 그러나 그 말에 따라 잘못을 고침이 더 중요하다. 부드럽게 타이르는 말을 기뻐하지 않을 수 있겠는가? 그러나 그 말의 참뜻을 찾아냄이 더 중요하다. 기뻐하면서도 참뜻을 찾아 행하지 않고, 따르면서도 잘못을 고치지 않는다면, 나도 그런 사람은 어찌할 도리가 없다."

子曰, 法語之言은 能無從乎아 改之爲貴니라,
자왈 어지언 능무종호 개지위귀

巽與之言은 能無說乎아 繹之爲貴니라.
손여지언 능무설호 역지위귀

說而不繹하며 從而不改면 吾末如之何也已矣니라.
설이불역 종이불개 오말여지하야이의

繹 : 풀어내다. 통하다. 찾다.

說而不繹 : (부드럽게 타이르는 말을 듣고) 기뻐하기만 하고 참뜻을 알지 못하면.

허물이 있으면 이를 고치기를

공자께서 말씀하셨다.

"충성과 신의를 으뜸으로 삼으며, 자기보다 못한 사람을 벗삼지 말고, 허물이 있으면 이를 고치기를 꺼리지 말아야 한다."

子曰, 主忠信하며 毋友不如己者오 過則勿憚改.
자왈 주충신 무우불여기자 과즉 개

해설 잘못을 저질렀다고 후회만 하지 말고 그것을 빨리 바로잡아야만 다시는 같은 잘못을 저지르지 않는다는 뜻이다. 남의 이목을 두려워해서 이것을 얼버무린다든가 감추려고 한다면 다시 과오를 저지르는 잘못을 범한다는 말이다.

필부라도 그 뜻을 빼앗을 수는

공자께서 말씀하셨다.

"삼군의 장수를 빼앗을 수는 있지만, 필부라도 그 뜻을 빼앗을 수는 없다."

子曰, 三軍은 可奪帥也어니와
자 왈 삼 군 가 탈 수 야

匹夫는 不可奪志也니라.
필 부 불 가 탈 지 야

三軍 : 큰 제후국이 보유할 수 있는 군대의 규모.

해치지도 않고 탐내지도 않으니

공자께서 말씀하셨다.

"다 떨어진 솜옷을 입고, 여우나 담비 털옷을 입은 사람과 함께 서 있어도 부끄러워하지 않는 사람은 자로(子路)일 것이다."

자로가 『시경』에 있는 '해치지도 안고 탐내지도 않으니, 어찌 좋지 않겠는가?'라는 구절을 종신토록 외우고자 하자, 공자께서 말씀하셨다.

"그러한 도리만으로 어찌 선하다고 하랴?"

子曰, 衣敝縕袍하야 與衣狐貉者로
자왈 의폐온포 여의호맥자

立而不恥者는 其由也與인저.
립이불치자 기유야여

不忮不求면 何用不臧이리오.
불기불구 하용부장

子路終身誦之한대 子曰, 是道也로 何足以臧이리오.
자로종신송지 자왈 시도야 하족이장

날씨가 추워진 뒤에야

공자께서 말씀하셨다.

"겨울의 날씨가 추워진 뒤에야 소나무와 잣나무가 다른 나무보다 늦게 시드는 것을 알 수 있다."

子曰, 歲寒然後에 知松栢之後彫也니라.
자왈 세한연후 지송백지후조야

歲寒 : 겨울. 그 해의 날씨가 몹시 춥다.
松 : 소나무. 栢 : 잣나무. 彫 : 시들다.

해설 나라가 어지러울 때 애국자가 나타나고, 집안이 어려움에 처해 있을 때 열녀가 나온다. 평상시엔 누구나 착실한 척할 수는 있다. 그러나 막상 어렵고 힘든 시기에 지조를 지키며 헌신할 수 있는 자란 드문 것이다. 고난과 시련에 이르러서야 사람의 진가를 알 수 있다.

지혜로운 사람은

공자께서 말씀하셨다.

"지혜로운 사람은 미혹(迷惑)하는 일 없고, 어진 사람은 근심할 일이나 걱정할 일이 없으며 용기있는 사람은 두려워할 일이 없다."

子曰, 知者不惑하고 仁者不憂하고
자왈 지자불혹 인자불

勇者不懼니라.
용자불구

함께 공부할 수는 있어도

공자께서 말씀하셨다.

"함께 공부할 수는 있어도, 함께 도[정도(正道)]를 지켜나갈 수는 없고, 함께 도를 지켜나간다 해도 함께 굳건히 설 수는 없고, 함께 굳건히 설 수는 있다고 해도, 함께 일의 경중을 저울질 할 수는 없다."

子曰, 可與共學이라도 未可與適道며
자왈 가여공학 미가여적도

可與適道라도 未可與立이며 可與立이라도 未可與權이니라.
가여적도 미가여립 가여립 미가여

진정으로 생각함이 아니다

'당체꽃이 펄럭이는데,
어찌 임 생각 않으리요만,
너무나 멀구나!'
(이 시를 두고) 공자께서 말씀하셨다.
"진정으로 생각함이 아닌 것이다. (진정으로 생각한다면) 어찌 멀고 말고가 있겠느냐?"

唐棣之華여 偏其反而而로다. 豈不爾思리오마는 室是遠而니라.
당체지 편기반이이 기불이사 실시원이

子曰, 未之思也也也언정 夫何遠之有리오.
자왈 미지사야야야 부하원지유

唐棣之華 : 당체의 꽃이여! 당체(唐棣)는 아가위나무.
偏其反而 : 꽃잎이 펄럭펄럭 날리는 품. 치우칠 편(偏), 반(反)은 은 뒤칠 번(飜).

해설 공자는 시를 인용하여 우리의 뜻과 행위가 일치되어야 함을 강조하고 있다.

제10편
향당鄕黨

공자의 태도와 일상생활에서의 행동, 그리고 공적 생활에 대한 기록들이다. 즉 공(公)과 사(私)에 걸쳐 예(禮)와 악(樂)을 실천한 공자의 성실하고 근엄한 생활의 여러 면모를 문인들이 적은 기록들을 추린 것이다.

분명하게 사리를 따져

공자께서 자택에 계실 때에는 온순하고 공손하시어, 마치 말을 할 줄 모르는 사람 같으셨다. 하지만 종묘와 조정에 계실 때에는 분명하게 사리를 따져 주장을 펴시되 신중하게 하셨다.

孔子於鄕黨에 恂恂如也하사 似不能言者러시다.
공 자 어 향 당 순 순 여 야 사 불 능 언 자

其在宗廟朝廷하사는 便便言하사대 唯謹爾러시다.
기 재 종 묘 조 정 편 편 언 유 근 이

鄕黨 : 향리나 마을. 주나라 시대의 지방 행정구획임. 즉 5백 호를 당(黨)이라 하고, 25당을 향(鄕)이라고 함. 12,500호.

해설 공자는 향리에 있을 때는 말을 삼가며 공손하게 처신하였다. 그러나 조정에 나가 나랏일에 참여할 때는 사리를 따져 분명하게 소신을 밝혔다. 이것은 공인(公人)으로서의 떳떳한 태도이다. 그러나 어디까지나 신중함을 잃지는 않았다. 이는 바로 중용의 덕을 체득한 성인(聖人)의 몸가짐인 것이다.

공경스러우면서도 위엄을

조정에서 하대부들과 말씀하실 때는 숨김없이 솔직히 의견을 나누시고, 상대부와 말씀하실 때는 부드럽고 분명하셨다. 임금이 계실 때에는 공경스러우면서도 위엄을 갖추었다.

朝에 與下大夫言에 侃侃如也하시며,
조 여하대부언 간간여야

與上大夫言에 誾誾如也러시다.
여상대부언 은은여야

君在시어든 踧踖如也하시며 與與知也러시다.
군재 축적여야 여여지야

집안의 제사에 쓴 고기는

임금의 제사에 참례한 후에 받아온 고기는 그 날을 넘기지 않으셨고, 집안의 제사에 쓴 고기는 사흘을 넘기지 않으셨으며, 사흘이 지나면 드시지 않았다.

祭於公에 不宿肉하시며 祭肉은 不出三日하시더니,
제어공 하숙육 제육 불출삼일

出三日이면 不食之矣니라.
출삼일 불식지의

말씀을 하지 않으셨고

식사를 하실 때는 말씀을 하지 않으셨고, 잠자리에 드셨을 때도 말씀을 하지 않으셨다.

食不語하시며 寢不言이러시다.
식불어 침불언

경건하게 고수레를

비록 거친 밥과 채소국일지라도 잡수시기 전에 반드시 경건하게 고수레를 하셨다.

雖疏食菜羹이라도 瓜祭하시대 必齊如也러시다.
수 소 식 채 갱 과 제 필 제 여 야

菜羹 : 채소국. 나물국.
瓜祭 : 瓜는 必로 고친다. 祭는 고수레의 뜻. 고수레란 음식을 먹기 전에 조금 떼어 신에게 올리는 것.

해설 이 시대의 중국인들은 아직 의자생활을 하지 못하였다. 그러므로 여기서 석(席)이란 방석이나 돗자리같은 깔개를 뜻하는 말이다. 이것을 바르게 하고 앉는 것이 예(禮)였다.

자리가 바르지 않으면

자리가 바르지 않으면 앉지 않으셨다.

席不正이어든 不坐러시다.
석 부 정 부 좌

※ 席不正을 확대 해석하면, 도(道)에 어긋나는 벼슬자리라고 풀이할 수 있다. 좁게 해석하면 질서에 어긋나는 자리라고 해석할 수 있다.

함께 술을 마실 때에는

마을 사람들과 함께 술을 마실 때에는 지팡이를 짚은 노인이 먼저 나간 다음에 따라 나가셨다. 마을 사람들이 역귀를 쫓는 굿을 할 때에는 조복을 입고 동쪽 섬돌에 서 계셨다.

鄕人飮酒에 杖者出이어든 斯出矣러시다.
향인음주 장자출 사출의

鄕人儺에 朝服而立於阼階러시다.
향인나 조복이립어조계

문안을 드릴 때에는

자기 대신 사람을 다른 나라에 보내어 문안을 드릴 때에는 그에게 두 번 절하고 나서 보내셨다.

問人於他邦하실새 再拜而送之러시다.
문인어타방 재배이송지

사람이 다쳤느냐?

마굿간이 불에 탔는데, 공자께서 조정에서 돌아오시어, "사람이 다쳤느냐?"라고 물으시고는 말에 대해서는 묻지 않으셨다.

廐焚이어늘 子退朝 曰, 傷人乎야 하시고? 不問馬하시다.
구 분 자퇴조 왈 상인호 불문마

친구가 죽었는데

친구가 죽었는데 돌보아줄 사람이 없자, “내 집에 빈소를 차려라”라고 말씀하셨다.

朋友死하여 無所歸어든 曰, 於我殯이라 하시다.
붕우사 무소귀 왈 어아빈

주무실 때는

주무실 때는 죽은 사람처럼(뻗은 자세로) 눕지 않으셨고, 집에 계실 때에는 근엄한 표정을 짓지 않으셨다.

寢不尸하시며, 居不容이러시다.
침불시 거불용

尸 : 시체. 尸는 屍와 같다.
不容 : 엄숙한 표증을 짓지 않음.

수레에 오르셨을 때에는

수레에 오르셨을 때에는 반드시 바르게 서서 손잡이 끈을 잡으셨다. 수레 안에서는 이리저리 두리번거리지 않으셨고, 말씀을 빨리 하지 않으셨으며, 직접 손가락질을 하지 않으셨다.

升車하사 必正立 執綏러시다.
승거 필정립 집수

車中에 不內顧하시며 不疾言하시며 不親指러시다.
거중 불내고 불질언 불친지

해설 군자(君子)의 수레 타는 모습이다. 수레의 차체가 높았기 때문에 수레 모는 사람이 내려주는 줄을 잡고 올라탔다.

암꿩이 때를 만났구나!

꿩이 사람의 기색을 살피고, 날아올라가 빙빙 돌다가 다시 내려와 앉았다. 공자가 "산 계곡 다리에 있는 암꿩이 때를 만났구나, 때를 만났구나!"하고 말씀하셨다. 자로가 그 꿩을 잡아올리자, 공자가 세 번 냄새를 맡고, 일어나셨다.

色斯擧矣하야, 翔而後集이니라.
색사거의 상이후집

曰, 山梁雌雉이 時哉時哉인저,
왈 산량자치 시재시재

子路共之한대 三嗅而作하시다.
자로공지 삼후이작

제11편
선진先進

공자가 제자들을 평한 말이 많다. 직설적으로 한 평도 있고, 혹은 간접적으로 서로 비교하면서 서로의 특성을 대조한 평도 있다.

예악의 도에 있어서

공자께서 말씀하셨다.

“예악의 도에 있어서 옛 사람들은 시골 티가 나는 야인답게 질박하고, 지금 후배들의 예악은 군자답게 화려하다. 내가 만일 예악을 골라 쓴다면 옛 선배들의 것을 따르겠노라.”

子曰, 先進이 於禮樂에 野人也요.
자 왈 선 진 어 례 악 야 인 야

後進이 於禮樂에 君子也라 하나니.
후 진 어 례 악 군 자 야

如用之 則吾從先進하리라.
여 용 지 즉 오 종 선 진

해설 선진, 후진을 다같이 나가서 정치에 참여한 선비로 본다. 옛날에는 예악을 소박하게 꾸미고 지켰으므로 야인과 같다고 했으며, 후세에는 예악을 화려하게 꾸미고 지켰으므로 군자답다고 했다. 그러나 공자는 화려한 것보다 소박한 것을 추켜세우고자 했다. 여기서는 ‘선진, 후진’을 공자의 문하생 중의 초기의 선배들과 후기의 후배들의 뜻으로 풀이한다.

나를 따라갔던 사람들이

공자께서 말씀하셨다.

“나를 따라 진나라와 채나라에 갔던 사람들이 지금은 다 내

문하에 있지 않구나! 그들 중 덕행이 훌륭한 사람은 안연·민자건·염백우·중궁이 있고, 언어에는 재아와 자공이 뛰어났고, 정사에 밝은 사람은 염유와 계로였고, 문학에는 자유와 자하가 뛰어났다.

子曰, 從我於陳蔡者는 皆不及門也로다.
자 왈 종 아 어 진 채 자 불 급 문 야

德行엔 顔淵, 閔子騫, 冉伯牛, 仲弓이요.
덕 행 안 연 민 자 건 염 백 우 중 궁

言語엔 宰我, 子貢이요.
언 어 재 아 자 공

政事엔 冉有, 季路요 文學엔 子游, 子夏니라.
정 사 염 유 계 로 문 학 자 유 자 하

陳蔡 : 공자는 여러 나라를 여행 중 진나라와 채나라에서는 양식이 떨어지고 종자(從子)들이 병에 걸리는 고난을 겪었다.

文學 : 시(詩)·서(書)·예(禮)·악(樂) 등을 포함한 넓은 의미의 학문.

기쁘게 따르고 행하였다

공자께서 말씀하셨다.

"안회는 도무지 나에게 도움을 주지 못한다. 그는 내가 하는 말을 아무 의문도 없이 잘 이해하고 기쁘게 따르고 행하였다."

子曰, 回也는 非助我者也로다, 於吾言에 無所不說이로다.
자 왈 회 야 비 조 아 자 야 어 오 언 무 소 불 설

回 : 안연(顔淵)의 이름.

해설 공자의 제자 중에서도 안연은 특히 스승의 가르침을 깊이 이해하고 만족해한 이었다. 그러므로 새로운 질문이나 반대의견을 제시하여 스승에게 지적 자극을 준 바는 없었다. 공자는 이 점을 말하고 있으나 불만이라기보다는 칭찬이라고 해야 할 것이다. 안연은 늘 스승의 가르침을 말없이 실천한 군자였다.

참으로 효성스럽도다!

공자께서 말씀하셨다.

"참으로 효성스럽도다 민자건이여! 부모형제가 그의 효성을 칭찬하는 말에 사람들도 트집을 잡지 못하는구나."

子曰, 孝哉라 **閔子騫**이여! **人不間於其父母昆弟之言**이로다.
자왈 효재 민자건 인불간어기부모곤제지언

閔子騫 : 공자의 제자. 이름은 손(損), 자는 자건(子騫).

해설 어려서 친어머니를 여읜 민자건 형제는 계모 밑에서 자랐다. 계모는 자기의 소생 두 아들만을 사랑하고 민자건 형제를 박대했다. 그런데도 민자건은 계모편을 들어 사람들을 감동시켰다.

남용이 백규의 시를

남용이 백규의 시를 세 번 반복하여 암송하자, 공자께서 자기 형님의 딸을 그에게 시집보내셨다.

南容이 三復白圭어늘 孔子以其兄之子로 妻之하시다.
남용　삼부백규　공자이기형지자　처지

南容 : 노나라 사람으로 공자의 제자. 성은 남궁(南宮), 이름은 괄(括), 자는 자용(子容). 三復 : 세 번이나 거듭해서 외다. 三은 여러 번, 거듭 되풀이해서. 復는 회복할 (복), 다시 (부).
白圭 : 『시경, 대아, 억(抑)』 편의 시구임. 白圭는 흰 구슬·백옥.
妻之 : 그에게 처를 삼게 하다. 그에게 시집보내다.

해설 백규의 시는 다음과 같다. '백규의 흠은 오히려 고칠 수도 있으나, 잘못한 말은 어찌할 수 없다.' 백규는 백옥으로 만든 규(圭)로 사신이 지니고 가서 다른 나라 임금에게 바치는 옥패(玉牌)이다.

하늘이 나를 버리셨다

안연이 죽자 공자께서 탄식하셨다.
"아아! 하늘이 나를 버리셨다, (내 희망을 빼앗아 가는구나!) 하늘이 나를 버리셨다."

顔淵死 子曰, 噫라! 天喪予샷다! 天喪予샷다!
안연사　자왈　희　천상예　천상예

해설 공자는 수제자 안연(B.C. 521~490)을 통해 자신의 학문을 후세에 이을 생각이었다. 그만큼 안연은 자질이 영특하고 인품이 고결했다(32세, 공자와 30세 차이 난다). 그러나 불행히도 단명하여 요절한 것이다. 그의 죽음으로 공자는 크나큰 충격과 절망에 빠지게 된다. 그러므로 하늘이 자기를 버렸다고 (망쳤다고) 탄식한 것이다.

아직 삶도 알지 못하는데

계로가 귀신 섬기는 일에 대해 묻자 공자께서 말씀하셨다.

"아직 사람도 제대로 섬기지 못하면서 어찌 귀신을 섬길 수 있겠느냐?"

"감히 죽음에 대하여 여쭙겠습니다."

공자께서 대답하셨다.

"아직 삶도 알지 못하는데 어찌 죽음을 알 수 있겠느냐?"

季路 問事鬼神한대 子曰, 未能事人이면 焉能事鬼리오?
계로 문사귀신 자왈 미능사인 언능사귀

敢問死하나이다. 曰, 未知生이면 焉知死리오?
감문사 왈 미지생 언지사

季路 : 공자의 제자, 자로(子路).

사리에 맞는 말

노나라 사람이 장부(長府)라는 창고를 새로 짓자, 민자건이 말했다.
"옛 것을 수리해서 쓰면 어떠한가? 왜 꼭 다시 지어야만 하는가?"

공자께서 말씀하셨다.

"그 사람은 말을 잘 안 하지만, 말을 했다 하면 반드시 사리에 맞는다."

魯人이 爲長府러니 閔子騫이 曰, 仍舊貫如之何오?
노인 위장부 민자건 왈 잉구관여지하

何必改作이리오?
하필개작

子曰, 夫人不言이언정 言必有中이니라.
자왈 부인불언 언필유중

魯人 : 노나라 사람, 즉 실권을 행사하고 있던 계씨(季氏).
長府 : 금·옥·비단 등의 재물을 저장하는 창고의 이름.
舊貫 : 옛날부터 존속해온 관례. 여기서는 옛날부터 존속해온 물건.

방안에 들지 못한 학문

공자께서 말씀하셨다.
"유는 어찌 내 집에서 거문고를 타는고?"
그러자 문인들이 자로를 공경하지 않았다.
공자께서 말씀하셨다.
"유의 학문은 대청마루에는 올라섰으나 아직 방안에는 들지 못하였다."

子曰, 由之鼓瑟을 奚爲於丘之門고? 門人이 不敬子路한대
자왈 유지고슬 해위어구지문 문인 불경자로

子曰, 由也는 升堂矣오 未入於室也니라.
자왈 유야 승당의 미입어실야

由 : 자로(子路). 瑟 : 큰 거문고. 거문고의 일종으로 줄이 보통 25개이다.

지나친 것과 미치지 못하는 것

자공이 물었다.
"사(자장)와 상(자하)은 누가 더 현명합니까?"
공자께서 말씀하셨다.
"사는 재주가 지나치고 상은 조금 못 미친다."
"그러면 사가 더 낫습니까?"
공자께서 말씀하셨다.
"지나친 것은 미치지 못하는 것과 마찬가지이다."

子貢이 **問, 師與商也 孰賢**이리이까?
자공 문 사여상야 숙현

子曰, 師也는 **過**하고 **商也**는 **不及**이니라.
자왈 사야 과 상야 불급

曰, 然則師愈與잇가?
왈 연즉사유여

子曰, 過猶不及이니라.
자왈 과유불급

師 : 공자의 제자. 자는 자장(子張)의 이름.
商 : 공자의 제자. 자하(子夏)의 이름.

해설 만사의 도리를 말할 때나 일을 처리함에 있어서나 도(道)에 맞아야 한다. 모자라거나 못 미치거나 하면 안되지만, 반대로 지나치거나 넘치거나 해도 안된다. 도에 맞고 적당한 것을 중용(中庸)이라고 한다.

옛 성현의 훌륭한 발자취

자장이 선인의 도를 묻자, 공자께서 말씀하셨다.

"옛 성현의 훌륭한 발자취를 좇지 않으면 역시 성현의 경지에 들지 못한다."

子張이 問善人之道한대 子曰, 不踐迹이나 亦不入於室이니라.
자장 문선인지도 자왈 불천적 역불입어

과연 군자다운 사람인지

공자께서 말씀하셨다.

"말을 잘한다고 그를 편들지만, 그가 과연 군자다운 사람인지, 아니면 겉모습만 꾸미는 그럴 듯한 사람은 아닐까?"

子曰, 論篤을 是與면 君子者乎아 色莊者乎아?
자왈 논독 시여 군자자호 색장자호

말 잘하는 사람을

자로가 자고를 비읍의 수장으로 천거하자 공자께서 말씀하셨다.

"남의 자식을 망치게 하는구나!"

자로가 말하였다.

"그곳에는 다스릴 백성이 있고 받들 사직이 있습니다. 어찌 반드시 책만을 읽어야 공부한다고 하겠습니까?"

공자께서 말씀하셨다.

"그래서 내가 말 잘하는 사람을 미워하는 것이다."

子路 使子羔로 爲費宰한대 子曰, 賊夫人之子로다.
자로 사자고 위비재 자왈 적부인지자

子路曰, 有民人焉하면 有社稷焉하니,
자로왈 유민인언 유사직언

何必讀書 然後에 爲學이리이까?
하필독서 연후 위학

子曰, 是故로 惡夫佞者하노라.
자왈 시고 오부녕자

子羔 : 공자의 제자. 성은 고(高). 이름은 시(柴). 費 : 계손씨의 식읍.

宰 : 읍재(邑宰).

社稷 : 社는 토지신, 稷는 곡신(穀神). 옛날에는 나라에서 사직단을 만들어 임금이 친히 이 두 신의 제사를 지냈다. 사직은 곧 왕조나 국가를 뜻하는 말이 되었다.

해설 자로가 자고를 비의 읍재(수장)로 천거하자, 공자는 예악을 터득하지 못한 그에게 중임을 맡기려 함을 못마땅하게 생각하였다. 이에 자로는 나라의 정무를 맡아 경험을 쌓는 것도 공부가 되지 않겠느냐고 반문하자, 공자는 자로의 변명을 받아들이지 않고 말만 그럴싸하게 하는 사람을 미워한다고 일침을 가한 것이다.

제12편
안연顏淵

공자가 문하생이나 군주, 대부 등과 서로 주고받은 문답을 수록하고 있다. 군신과 부자가 지켜야 할 예(禮), 미혹(迷惑)을 분별하고 옥사를 처결하는 일, 군자의 학문과 덕행 등이 다 언급되었으며, 이들 가르침은 다 성현의 격언이며 동시에 벼슬에 나가는 기본 단계이다.

인(仁)이란 무엇인가?

제자 안연(顔淵)이 '인(仁)이란 무엇인가?'를 묻자, 공자께서 말씀하셨다.

"자신의 마음 속에 있는 사욕(私慾)을 이겨내고, 예부터 지켜 내려온 사회의 규범, 사람이 지켜야 하는 도리로 되돌아오는 것이 인(仁)이다. 하루만이라도 자신을 이기고 예로 돌아가게 되면 천하가 인(仁)으로 돌아온다. 인을 행하는 것이 남에게 있는 것이 아니라 자신에게 있느니라."

顔淵이 問仁한대
안 연 문 인

子曰 克己復禮 爲仁이니
자 왈 극 기 복 례 위 인

一日克己復禮면 天下歸仁焉하나니
일 일 극 기 복 례 천 하 귀 인 언

爲仁이 由己니 而由人乎哉아?
위 인 유 기 이 유 인 호 재

예가 아니면 보지 말고

공자께서 말씀하셨다.

"예가 아니면 보지 말고, 예가 아니면 듣지 말고, 예가 아니면 말하지도 말고, 예가 아니면 행하지도 말라."

子曰, 非禮勿視하며 非禮勿聽하며 非禮勿言하며
자왈 비례물시 비례물청 비례물언

非禮勿動이니라.
비례물동

남에게 강요하지 말라

중궁이 인에 대해 묻자, 공자께서 말씀하셨다.

"문밖에 나가 사람을 대할 때에는 귀한 손님을 대하듯 하고, 백성을 부릴 때는 큰 제사를 받들 듯이 해야 한다. 자기가 원하지 않는 일을 남에게 강요하지 말라. (이렇게 하면) 조정에서 (일을 할 때에도 원망하는 이가 없고) 집안에서도 원망하는 이가 없을 것이다."

仲弓이 問仁한대 子曰, 出門如見大賓하며 使民如承大祭하고
중궁 문인 자왈 출문여견대빈 사민여승대제

己所不欲을 勿施於人이니 在邦無怨하며, 在家無怨하니라.
기소불욕 물시어인 재방무원 재가무원

仲弓 : 공자의 제자, 염옹(冉雍)의 자.

무엇을 근심하고 두려워하랴

사마우가 군자에 대해 묻자, 공자께서 말씀하셨다.

"군자는 근심하지도 않고 두려워하지도 않는다."

사마우가, "근심하지 않고 두려워하지도 않으면 군자라고 할 수 있습니까?"하고 거듭 묻자,

공자께서 말씀하셨다.

"속으로 스스로를 돌아보아 허물이 없다면, 무엇을 근심하고 무엇을 두려워하겠느냐?"

司馬牛 問君子한대 子曰, 君子는 不憂不懼니라.
사 마 우 문 군 자 자 왈 군 자 불 우 불 구

曰, 不憂不懼면 斯謂之君子矣乎잇가?
왈 불 우 불 구 사 위 지 군 자 의 호

子曰, 內省不疚어니 夫何憂何懼리오?
자 왈 내 성 불 구 부 하 우 하 구

司馬牛 : 성은 사마, 이름은 경(耕). 자는 자우(子牛). 송나라 환퇴(桓?)의 동생. 경솔하게 말을 많이 했다.

온 세상 사람들이 모두 형제

사마우가 근심스럽게 말하였다.

"다른 사람들은 모두 형제가 있는데 나만 유독 형제가 없다."

자하가 말하였다.

"내가 듣자 하니, 죽고 사는 것은 운명에 달려 있고, 부귀는 하늘에 매여 있다고 하였소. 군자로서 몸가짐을 경건히 하고, 일 처리를 도를 따라 실수없이 하고, 아울러 남에게 공손하고 예절 바르게 대하면 온 세상 사람들이 모두 형제이다. 그러니 군자인 당신이 어찌 형제 없음을 걱정하십니까?"

司馬牛 憂曰, 人皆有兄弟어늘 我獨亡이로다.
사 마 우 우 왈 인 개 유 형 제 아 독 망

子夏曰, 商聞之矣로니 死生이 有命이오 富貴 在天이라 하라.
자하왈 상문지의 사생 유명 부귀 재천

君子敬 而無失하고 與人恭 而有禮면 四海之內 皆兄弟也니.
군자경 이무실 여인공 이유례 사해지내 개형제야

君子何患乎無兄弟也리오.
군자하환호무형제야

멀리까지 앞을 내다보다

자장이 총명함에 대하여 묻자, 공자께서 말씀하셨다.

"물이 스며들 듯 은근한 참소(讒訴)와 직접 피부로 느껴질 만큼 절실한 하소연을 물리친다면 사리에 밝다고 할 수 있다. 물이 스며들 듯 은근히 하는 참소나 직접 피부로 느껴질 만큼 절실한 하소연에 넘어가지 않아야 비로소 멀리까지 앞을 내다본다고 할 수 있다."

子張이 問明한대 子曰, 浸潤之讒이 膚受之愬 不行焉이면
자장 문명 자왈 침윤지참 부수지소 불행언

可謂明也已矣니라. 浸潤之讒이 膚受之愬 不行焉이면
가위명야이의 침윤지참 부수지소 불행언

可謂遠也已矣니라.
가위원야이의

해설 물이 스며들 듯한 헐뜯는 말이나 피부에 파고드는 것 같은 하소연은 자칫 사람의 판단을 그르치게 한다. 그러므로 위정자는 이와 같은 모함이나 간교한 호소를 막아내야만 사회정의를 구현할 수 있다. 그리고 그가 이와 같은 일을 할 수 있으려면 먼저 높은 식견과 밝은 지혜를 갖추도록 노력해야 할 것이다.

백성들의 믿음이 없으면

자공이 정치에 대해 묻자, 공자께서 말씀하셨다.

"백성의 식량을 풍족하고, 군비를 넉넉하게 하여, 백성들로 하여금 (나라를) 믿도록 하는 것이다."

자공이 물었다. "부득이 한 가지를 버려야 한다면 이 세 가지 중에서 어느 것을 먼저 버려야 합니까?"

공자께서 말씀하셨다. "군비를 버려야 한다."

자공이 또 물었다.

"부득이 한 가지를 더 버려야 한다면 두 가지 중에서 어느 것을 먼저 버려야 합니까?"

"식량을 버린다. 옛부터 죽음은 누구에게나 있는 일이지만, 백성들의 믿음이 없으면 국가가 존립할 수 없다."

子貢이 問政한대 子曰, 足食 足兵이면 民信之矣니라.
자공 문정 자왈 족식 족병 민신지의

子貢 曰, 必不得已而去이면 於斯三者에 何先이리이까?
자공 왈 필부득이이거 어사삼자 하선

曰, 去兵이니라.
왈 거병

子貢 曰, 必不得已而去인댄 於斯二者에 何先이리이까?
자공 왈 필부득이이거 어사이자 하선

曰, 去食이니 自古皆有死어니와 民無信不立이니라.
왈 거식 자고개유사 민무신불립

해설 공자는 정치의 요체로 식량과 군비와 위정자에 대한 백성들의 신망을 들고 있다. 그리고 그 중에서도 백성들의 신망을 가장 중요시하고 있다. 그의 주장은 다시 부국강병을 바탕으로 한 패도주의와는 정면으로 어긋나는 것이다.

즉 힘이나 권모술수에 의한 정치는 우선 나라의 살림살이를 넉넉히 하고, 그 바탕 위에 군비를 증강하여 천하의 패권을 차지하고자 한 것이다. 그러나 이와 같은 정치는 억압과 규제로 백성들의 반발과 불신을 초래케 하였다. 불신감이 팽배된 사회는 그 정치적 존립을 유지할 수 없게 되는 것이다. 공자는 바로 이 점을 지적하고 있다.

그러므로 그는 경제·국방보다도 위정자에 대한 백성들의 신망을 더욱 중요시한 것이다. 이것을 잃으면 나라도 사직도 무너지고 만다는 것이 그의 변함없는 소신이었다.

충성과 신의를 중하게 여기고

자장이 덕을 쌓고 미혹된 행동을 분별하는 일에 대해 묻자, 공자께서 말씀하셨다.

"충성과 신의를 중하게 여기고, 도의를 실천하며 살아가는 것이 덕을 쌓는 일이다. 내가 좋아하면 그가 살기를 바라고, 내가 미워하면 그가 죽기를 바라지만, 그와 같이 살기를 바랐다가 또 죽기를 바라는 것이 곧 미혹이다."

참으로 재물이 많기 때문이 아니라, 오직 사람이 달라서 그러는 것이다.

子張이 問崇德辨惑한대 子曰, 主忠信하며 徙義 崇德也니라.
자장 문숭덕변혹 자왈 주충신 사의 숭덕야

愛之란 欲其生하고 惡之란 欲其死하나니,
애지 욕기생 오지 욕기사

旣欲其生이오 又欲其死 是惑也니라.
기욕기생 우욕기사 시혹야

誠不以富요, 亦祇以異로다.
성불이부 역지이이

※ 誠不以富 亦祇以異 : 참으로 재물이 많기 때문이 아니라, 오직 사람이 달라서 그러는 것이다. 이것은 『시경』 소아(小雅) 아행기야(我行其野 : 들길을 가다)의 마지막 구절이다. 남편이 바람을 피우며 자신을 돌보지 않는 것을 슬퍼한 노래이다. 정자(程子)는 문맥의 연결이 어색한 점을 들어 착간(錯簡)으로 보고 제16편 계씨(12장)에 들어가야 한다고 주장하였다. -주희의 집주(集注).

정치에 관해 묻자

제나라 경공이 공자께 정치에 관해 묻자, 공자께서 말씀하셨다.

"임금은 임금다워야 하고 신하는 신하다워야 하고 아버지는 아버지다워야 하고, 자식은 자식다워야 합니다."

제경공이 말했다. 좋은 말씀이오. 참으로 임금이 임금답지 못하고, 신하가 신하답지 못하며, 아비가 아비답지 못하고, 아들이 아들답지 못하면 비록 곡식이 있다한들 내 어찌 먹을 수 있겠소?"

齊景公이 問政於孔子한대
제공공 문정어공자

孔子 對曰, 君君 臣臣 父父 子子니이다.
공자 대왈 군군 신신 부부 자자

公曰, 善哉라. 信如君不君하며 臣不臣하며 父不父하며
공왈 선재 신여군불군 신불신 부불부

子不子면 雖有粟이나 吾得而食諸아.
자 부 자 수 유 속 오 득 이 식 제

齊景公 : 제나라의 임금으로 성이 강(姜), 이름은 저구(杵臼). 당시 제나라의 실권은 대부인 진환(陳桓)이 장악하고 있었다. 경공은 후계자조차 정하지 못한 채 실정을 거듭하며 허위(虛位)를 지킬 뿐이다.

소송을 판결할 수 있는 사람

공자께서 말씀하셨다.

"한 마디 말로써 소송을 판결할 수 있는 사람은 아마도 유이리라! (자로는 승낙한 것을 이행하지 않은 채 묵혀 두는 일이 없다.)"

子曰, 片言에 可以折獄者는 其由也與인저!
자 왈 편 언 가 이 절 옥 자 기 유 야 여

子路는 無宿諾이리라.
자 로 무 숙 낙

해설 자로는 용맹을 좋아하고 과단성이 있어 송사의 판결에도 우물쭈물 하는 일이 없었다. 그리고 그는 남에게 약속한 일은 반드시 실천에 옮겼다. 공자는 자로의 저돌성을 우려해 좀더 심사숙고하도록 조언을 아끼지 않았다. 그러나 한편 그의 믿음직하고 솔직한 성품에는 신뢰를 보인 바도 있었다.

송사가 없도록 해야

공자께서 말씀하셨다.

"송사를 듣고 판결하는 것은 나도 남만큼은 할 수 있다. 그러나 그보다는 반드시 송사가 없도록 해야 할 것이다!"

子曰, 聽訟이 吾猶人也나 必也使無訟乎인저!
자왈 청송 오유인야 필야사무송호

정사는 충성으로써 해야

자장이 정치에 관하여 묻자, 공자께서 말씀하셨다.

"관직에 있을 때는 게을리하지 않고 정사를 처리할 때는 충성으로써 해야 한다."

子張이 問政한대 子曰, 居之無倦하며 行之以忠이니라.
자장 문정 자왈 거지무권 행지이충

나쁜 점은 이루지 못하게

공자께서 말씀하셨다.

"군자는 다른 사람의 좋은 점을 도와 이룩하도록 해주고, 다른 사람의 나쁜 점은 이루지 못하게 한다. 소인배는 이와 반대이다."

子曰, 君子는 成人之美하고
자 왈 군자 성인지미

不成人之惡하나니 小人은 反是니라.
불성인지악 소인 반시

정치란 바로잡는 일이다

계강자가 공자께 정치에 대해서 묻자, 공자께서 대답하셨다.

"정치란 바로잡는 일입니다. 선생께서 앞장서서 바른 도리로 이끌어주신다면 감히 누가 바르게 행하지 않을 수 있겠습니까?"

季康子 問政於孔子한대 孔子對曰,
계강자 문정어공자 공자대왈

政者는 正也니
정자 정야

子帥以正이면 孰敢不正이리오?
자수이정 숙감부

季康子 : 노나라의 전권을 마음대로 휘둘렀다. 대부.

진실로 욕심을 부리지 않으면

계강자가 도둑이 많은 것을 걱정하여 공자에게 조언을 구하자, 공자께서 말씀하셨다.

"진실로 선생이 욕심을 부리지 않는다면, 비록 상을 준다고 해도 백성들은 도둑질을 하지 않을 것입니다."

季康子 患盜하여 問於孔子한대,
계강자 환도 문어공자

孔子對曰, 苟子之不欲이면 雖賞之라도 不竊하리라.
공자대왈 구자지불욕 수상지 부절

해설 계강자는 적자(嫡子)의 자리를 빼앗고 왕권까지 무력하게 만든 세도가였다. 그는 또한 백성들에게 무거운 세금을 부과하여 부를 축적했으니 도둑치고는 큰 도둑인 셈이다. 이런 그가 백성들 중에 도둑이 되어 치안을 어지럽히는 자가 많음을 걱정한 것이다.

그에게 공자는 이렇게 충고하고 있다.

진실로 위정자인 당신 자신부터 탐욕을 버리고, 월권 행위를 하지 않는다면 백성들의 도둑질도 자연히 사라지게 될 것이라고. 윗자리에 있는 사람이 청렴결백하다면 아랫사람들은 자연히 그 본을 따르게 마련인 것이다.

군자의 덕은 바람과 같고

공자께서 말씀하셨다.

"군자의 덕은 바람과 같고, 소인의 덕은 풀과 같은 것입니다. 풀은 바람이 불면 반드시 눕기 마련이다."

子曰, 君子之德은 風이요 小人之德은 草라.
자왈 군자지덕 풍 소인지덕 초

草上之風이면 必偃하느니라.
초상지풍 필언

명성을 얻기만 하는 사람은

자장이 물었다.

"선비는 어떻게 하면 통달했다고 할 수 있습니까?"

공자께서 말씀하셨다.

"네가 말하는 통달이란 무슨 뜻이냐?"

이에 자장이 대답하였다.

"제후의 나라에서도 반드시 이름이 나고, 경대부의 영지에서도 반드시 이름이 나는 것입니다."

그러자 공자께서 말씀하셨다.

"그것은 명성이지 통달이 아니다. (참으로 통달하는 사람은) 성품이 소박 강직하고 정의를 사랑하고, 남의 말을 깊이 살피고, 남의 기색을 관찰하고 또 신중한 태도로 남에게 겸손해한다. 그래야 제후의 나라에서도 통달할 수 있고 또 경대부의 영지에서도 통달할 수가 있는 것이다.

그러나 명성을 얻기만 하는 사람은 겉으로는 인을 취하는 척하면서 실제로는 인에 어긋나는 짓을 한다. 그러면서도 자기의 처신에 대해서 의아하게 여지기 않는 사람이다. 이들이 곧 제후의 나라에서도 이름을 내고, 경대부의 영지에도 이름을 내는 것이다."

子張이 問하되 士何如라야 斯可謂之達矣니이까.
자장 문 사하여 사가위지달의

子曰, 何哉요 爾所謂達者여.
자왈 하재 이소위달자

子張이 對曰, 在邦必聞하며 在家必聞이니이다.
자장 대왈 재방필문 재가필문

子曰, 是는 聞也라 非達也니라. 夫達也者는 質直而好義하며
자왈 시 문야 비달야 부달야자 질직이호의

察言而觀色하여 慮以下人하나니
찰언이관색 여이하인

在邦必達하며 在家必達이니라.
재방필달 재가필달

夫聞也者는 色取仁而行違오 居之不疑하나니,
부문야자 색취인이행위 거지불

在邦必聞하며 在家必聞이니라.
재방필문 재가필문

진실된 마음으로 조언을

자공이 벗에 대해 묻자, 공자께서 말씀하셨다.

"진실된 마음으로 조언을 해주고 잘 인도하되, 듣지 않으면 그만두어야 한다. 지나친 충고로 도리어 욕을 당하는 일이 없도록 해야 한다."

子貢이 問友한대 子曰, 忠告而善道之하되,
자공 문우 자왈 충고이선도지

不可則止하여 無自辱焉이니라.
불가즉 무자욕언

해설 친구가 잘못을 저지를 때는 이를 지적하여 고치도록 해야 한다. 그러나 지나친 충고는 도리어 반발과 원망을 초래할 수도 있다. 그러므로 끝내 충고를 거부할 때는 멈추도록 해야 한다. 그리고 그가 스스로 깨달을 때까지 기다려야 할 것이다. 이렇게 벗과의 사귐에도

중용의 지혜가 있어야 하는 것이다.

군자는 학문을 중심으로

증자가 말했다.

"군자는 학문을 중심으로 벗을 모으고, 벗과의 우정을 통하여 인덕을 서로 돕는 것이다."

曾子曰, 君子以文會友하고 以友輔仁이니라.
증 자 왈 군 자 이 문 회 우 이 우 보 인

해설 군자는 학문을 중심으로 하여 서로 모이고, 토론과 인간적인 교류를 통하여 학덕을 갈고 닦는 것이다. 이런 가운데 인덕을 높이고 자기 발전을 이루게 되는 것이다.

제13편
자로子路

앞에는 정치에 관한 문답이 많고, 뒤에는 정치와 가정 도덕 및 위정자와 정치에 참여하는 선비들이 지켜야 할 도덕에 관한 내용이 많다. 치국(治國), 나라 다스림과 인격 수양 및 처세에 대한 말씀이 수록되어 있다.

먼저 앞장서서 일을 하고

자로가 정치에 대해서 묻자, 공자께서 말씀하셨다.

"백성을 위해 먼저 앞장서서 일을 하고, 다음에 백성을 위해 힘을 다하는 일이다."

좀더 설명해주기를 청하자, 공자께서 말씀하셨다.

"언제나 게으름을 피우지 말고 해야 하는 것이다."

子路 問政한대, 子曰, 先之勞之니라.
자로 문정 자왈 선지로지

請益한대 曰, 無倦이니라.
청익 왈 무권

해설 '선지로지(先之勞之)'를 공안국(孔安國)은 '앞서서 덕으로 인도하고 백성들로 하여금 믿게 하고, 다음에 그들을 부리고 일을 하게 한다'라고 풀이했다.

현명한 인재를 등용해야

중궁이 계씨의 가재(家宰)가 되어 정치에 대해 묻자, 공자께서 말씀하셨다.

"먼저 각 부처의 담당관들에게 일을 나누어 맡겨야 한다. 작은 과실을 용서하며, 현명한 인재를 등용해야 한다."

"현명한 인재인지 어떻게 알고 등용합니까?"

"우선 네가 잘 아는 현명한 사람을 등용해라. 그리하면 네가 알지 못하는 현명한 사람을 다른 사람들이 그냥 내버려두겠느냐?"

仲弓이 爲季氏宰라 問政한대
중궁 위계씨재 문정

子曰, 先有司요 赦小過하며 擧賢才니라.
자왈 선유사 사소과 거현재

曰, 焉知賢才而擧之리이까?
왈 언지현재이거지

子曰, 擧爾所知면 爾所不知를 人其舍諸아?
자왈 거이소지 이소부지 인기사제

仲弓 : 공자의 제자 염옹(冉雍).
宰 : 가재(家宰). 자신의 우두머리.

군자는 자기 말에 소홀함이 없어야

공자께서 말씀하셨다.

"군자가 명분을 바로잡으면 반드시 바르게 말할 수 있고, 바르게 말을 하면 반드시 바르게 행할 수 있게 되는 것이다. 군자는 자기 말에 소홀함이 없어야 한다."

子曰, 君子 名之인댄 必可言也며 言之인댄 必可行也니.
자왈 군자 명지 필가언야 언지 필가행야

君子於其言에 無所苟已矣니라.
군자어기언 무소구이의

시 삼백 편을 외운다 해도

공자께서 말씀하셨다.

“시 삼백 편을 외운다 해도 정치를 맡기면 잘 해내지 못하고, 사신으로 사방에 가서도 독자적으로 대응할 수 없다면, 비록 시를 많이 외운들 무슨 소용이 있겠는가?”

子曰, 頌詩三百하되 授之以政에 不達하며.
자왈 송시삼백 수지이정 부달

使於四方에 不能專對하면 雖多나 亦奚以爲리오?
사어사방 불능전대 수다 역해이위

頌詩三百 : 시 3백 편을 암송하다. 『시경(詩經)』을 공자 때에는 ‘시’라고 불렀다.

위정자 자신이 올바르면

공자께서 말씀하셨다.

“위정자 자신이 올바르면 명령을 내리지 않아도 만사가 이루어지고, 위정자 자신이 올바르지 않으면 비록 명령을 내려도 백성들이 따르지 않는다.”

子曰, 其身正이면 不令而行하고
자왈 기신정 불영이행

其身不正이면 雖令不從이니라.
기신부정 수령부종

진실로 훌륭해졌다

공자께서 위나라 공자 형(荊)에 대하여 말씀하셨다.

"그는 집안 살림을 잘 꾸려갔다. 처음으로 재산이 모이기 시작하자 '그런 대로 필요한 만큼 모였다'라고 하였고, 그후 좀더 재물이 늘어나자, '그런대로 다 갖추었다'라고 말했으며, 그후 아주 부유하게 되자 '진실로 훌륭해졌다'라고 하였다."

子謂衛公子荊한대 善居室이로다. 始有에 曰, 苟合矣라 하고.
자 위 위 공 자 형 선 거 실 시 유 왈 구 합 의

少有에 曰, 苟完矣라 하고 富有에 曰, 苟美矣라 하니라.
소 유 왈 구 완 의 부 유 왈 구 미 의

公子荊 : 公子는 임금의 서자. 荊은 절제가 있고 겸손한 인품의 소유자였다.

백성들이 부유해지고 나면

염유가 물었다.

"백성이 많아지고 나면 거기에 무엇을 더해 주어야 합니까?"

공자께서 말씀하셨다.

"그들을 부유하게 해주어야 한다."

"백성들이 부유해지고 나면 또 무엇을 더해 주어야 합니까?"

공자께서 말씀하셨다.

"그들을 교육시켜야 한다."

冉有曰, 旣庶矣어든 又何加焉이리이까?
염 유 왈 기 서 의 우 하 가 언

子曰, 富之니라.
자 왈 부 지

曰, 旣富矣어든 又何加焉이리이까?
왈 기 부 의 우 하 가 언

子曰, 敎之니라.
자 왈 교 지

나를 등용시키는 사람이 있다면

공자께서 말씀하셨다.

"진실로 나를 등용시키는 사람이 있다면 일 년이면 나라를 바로잡고, 어느 정도 기강을 잡을 수 있을 것이고, 3년이면 치적을 이룰 수 있을 것이다."

子曰, 苟有用我者면 朞月而已可也라도 三年이면 有成이니라.
자 왈 구 유 용 아 자 기 월 이 이 가 야 삼 년 유 성

朞月 : 일주년. 1년.
三年有成 : 3년이면 도덕정치의 성과를 올릴 수 있다.

백년 동안 나라를 다스린다면

공자께서 말씀하셨다.

"'착한 사람이 백년 동안 나라를 다스린다면, 잔악한 사람을

교화시키고 사형을 없앨 수 있다'고 했거늘, 이는 정말 옳은 말이다."

子曰, 善人爲邦百年이면 亦可以勝殘去殺矣라 하니.
자 왈 선인위방백년 역가이승잔거살의

誠哉라 是言也여!
성재 시언야

왕자가 나타난다면

공자께서 말씀하셨다.

"만약 왕자가 (왕도정치를 행하는 자) 나타난다면 반드시 한 세대가 지난 이후에는 천하에 인덕(仁德)이 행해질 것이다."

子曰, 如有王者라면 必世而後仁이니라.
자 왈 여유왕자 필세이후인

王者 : 성왕(聖王). 덕치(德治)와 인정(仁政)을 베푸는 성천자(聖天子).
世 : 30년 정도의 한 세대를 말함.

해설 왕자(王者)란 세력 확장에 수단과 방법을 가리지 않는 패자(霸者)와는 정반대되는 입장에 있는 사람이다. 그는 성인(聖人)다운 학식과 인격을 갖추고 온 천하의 모든 사람들에게 인정(仁政)을 베푸는 성천자이다. 인간의 선의지(善意志)를 믿고 잘못과 비행(非行)을 덕으로써 교화(敎化)하는 그에게 천하의 민심이 자연히 쏠리게 된다. 그러므로 이런 성왕이 나타난 지 30년쯤 되면, 온 세상에 인덕이 골고루 미쳐 태평성대를 이루게 되는 것이다.

자기 자신을 바로잡는다면

공자께서 말씀하셨다.

"자기 자신을 바로잡는다면 정치를 하는데 있어서 무슨 문제가 있겠는가? 자기 자신을 바로잡지 못한다면 어떻게 남을 바르게 다스릴 수 있겠는가?"

子曰, 苟正其身矣면 **於從政乎何有**며?
자 왈 구 정 기 신 의 어 종 정 호 하 유

不能正其身이면 **如正人何**오?
불 능 정 기 신 여 정 인 하

가까이 있는 사람들이

섭공이 정치에 대해 묻자, 공자께서 말씀하셨다.

"가까이 있는 사람들이 기쁘게 따르고, 멀리 있는 사람이 덕을 따라오게 해야 합니다."

葉公이 **問政**한대 **子曰, 近者說**하며 **遠者來**니라.
섭 공 문 정 자 왈 근 자 설 원 자 래

葉公 : 초나라의 대부. 하남성 섭현(葉縣) 남쪽 지역, 초나라에 속했던 섭지방의 수장 심제량(沈諸梁).

해설 섭공은 초나라의 대부로 대외관계에서 적극적인 활약을 한 정치인이다. 그러나 백성들에게 덕정(德政)을 베푸는 데는 그다지

신경을 쓰지 않았다. 공자는 정치란 먼저 위정자가 덕정을 베풀어 백성들을 즐거운 마음으로 따르게 해야만, 성과를 거둘 수 있음을 강조하고 있다.

일상생활에서 늘 공손하고

번지가 인(仁)에 대해서 묻자, 공자께서 말씀하셨다.

"평소의 일상생활에서 늘 공손하고, 일을 처리할 때에는 신중하며, 다른 사람을 대할 때는 진심으로 대해야 하는 것이다. 이는 비록 오랑캐 땅에 간다 할지라도 버려서는 안 된다."

樊遲 問仁한대 子曰, 居處恭하며 執事敬하며 與人忠을
번지 문인 자왈 거처공 집사경 여인충

雖之夷狄이라도 不可棄也니라.
수지이적 불가기야

사명을 욕되게 하지 않는다면

공자께서 말씀하셨다.

"자신의 행동에 대해 부끄러워할 줄 알고, 사방에 사신으로 가서도 임금으로부터 받은 사명을 욕되게 하지 않는다면, 선비라고 할 수 있다."

子曰, 行己有恥하며 使於四方하여
자왈 행기유치 사어사방

不辱君命이면 可謂士矣니라.
불욕군명 가위사의

중용의 도를 실천하는 사람

공자께서 말씀하셨다.

"중용의 도를 실천하는 사람과 함께 하지 못한다면, 차라리 뜻이 높은 사람이나 혹은 고지식한 사람을 택하겠다. 뜻이 높은 사람은 진취적이고, 고지식한 사람은 절대로 나쁜 일을 하지 않기 때문이다."

子曰, 不得中行而與之엔 必也狂獧乎인저!
자왈 부득중행이여지 필야광견호

狂者는 進取오 獧者는 有所不爲也니라.
광자 진취 견자 유소불위야

부화뇌동하지는 않고

공자께서 말씀하셨다.

"군자는 사람들과 화합하지만 부화뇌동하지는 않고, 소인은 부화뇌동하지만 사람들과 화합하지 못한다."

子曰, 君子는 和而不同하고
자왈 군자 화이부동

小人은 同而不和니라.
소인 동이불화

※ 附和雷同(부화뇌동) : 아무런 주견이 없이 남의 의견이나 행동에 덩달아 따름.

해설 군자는 자기만의 독특한 개성과 확고한 가치판단을 지니고 있는 사람이다. 그는 공공의 이익이나 도리에 맞는 일에는 협조를 아끼지 않는다. 그러나 이 경우에도 자기의 주관을 지닌 채 남과 화합하는 것이다. 이에 반하여 소인은 뚜렷한 주관이나 개성이 없는 존재이다. 그는 자기의 이익을 위해서는 불합리한 일에 쉽게 뇌동한다. 군자가 자기만의 창조성으로 사회발전에 공헌할 수 있음에 반하여, 소인은 옳지 못한 일에 동화됨으로써 자기의 존재 의의마저 상실하는 것이다.

군자는 섬기기는 쉬워도

공자께서 말씀하셨다.

"군자는 섬기기는 쉬워도 기쁘게 하기는 어렵다. 그는 올바른 도리로써 기쁘게 하지 않으면 기뻐하지 않지만, 그가 다른 사람을 부릴 때에는 그 사람의 역량에 맞게 일을 맡긴다. 소인은 섬기기는 어려워도 기쁘게 하기는 쉽다. 그를 기쁘게 하려면 올바른 도리로써 하지 않더라도 기뻐하지만, 그가 다른 사람을 부릴 때에는 그 사람이 온갖 재능을 다 갖추고 있기를 바란다."

子曰, 君子는 易事而難說也니.
자왈 군자 이사이난설야

說之不以道면, 不說也요. 及其使人也, 器之니라.
설지불이도 불설야 급기사인야 기지

小人은 難事而易說也니. 說之雖不以道라도,
소인 난사이이열야 열지수불이도

說也오, 及其使人也 求備焉이니라.
설야 급기사인야 구비언

해설 군자는 섬기기는 쉬우나 환심을 사기는 어렵다. 그는 적절한 부서에 적절한 사람을 배치하여 그 적성과 기량에 맞게 쓴다. 그러므로 군자 밑에서는 부하들이 마음껏 자신의 능력을 발휘할 수 있다. 그러나 군자를 올바른 도리가 아닌 방법, 즉 이권 제공이나 아부같은 것으로 매수하거나 기쁘게 할 수는 없는 것이다.

이에 반하여 소인, 즉 하찮은 사람이 상관인 경우 그를 섬기기는 어렵지만 기쁘게 하기는 쉽다. 왜냐하면 이권 제공이나 아부같은 것으로 쉽사리 그의 환심을 살 수 있기 때문이다. 그러나 소인은 부하의 적성이나 기량을 고려할 줄 모른다. 그는 자기의 사욕을 채우기 위해 사람을 임시방편으로 쓰기 때문이다.

그러므로 유능한 사람도 소인 밑에서는 자기의 실력을 발휘할 기회가 없는 것이다. 그리고 심지어 상관에게 시기나 모함을 당하는 경우도 있다. 따라서 소인을 상관으로 섬기기는 참으로 어려운 일이다.

군자는 태연하면서도

공자께서 말씀하셨다.

"군자는 태연하면서도 교만하지 않고, 소인은 교만하면서도 태연하지 못하다."

子曰, 君子는 泰而不驕하고 小人은 驕而不泰니라.
자왈 군자 태이불교 소인 교이불태

인(仁)에 가까운 사람

공자께서 말씀하셨다.
"강직함과 의연함, 질박하고 말이 적은 사람은 인(仁)에 가깝다."

子曰, 剛毅木訥이면 近仁이니라.
자왈 강의목눌 근인

선한 사람이 백성들을 가르친다면

공자께서 말씀하셨다.
"선한 사람이 백성들을 7년 동안 가르친다면, 그 백성들을 전쟁에 나가 싸우게 할 수 있다."

子曰, 善人이 教民七年이면 亦可以卽戎矣니라.
자왈 선인 교민칠년 역가이즉융의

백성을 버리는 일

공자께서 말씀하셨다.
"백성들을 가르치지 않고 전쟁에 나가도록 하는 것은 곧 그들을 버리는 것이다."

子曰, 以不教民戰이면 是謂棄之니라.
자왈 이불교민전 시위기지

해설 백성들에게 군사훈련도 제대로 시키지 않고 싸우게 하는 것은 어리석은 일이다. 그것은 마치 양떼를 몰아 이리떼에게 덤비게 하는 것과 같다. 전쟁은 나라의 존망과 백성들의 생사가 걸린 문제이므로 평상시 이에 대한 대비책을 소홀히 해서는 아니된다.

제14편
헌문憲問

헌문은 '원헌(原憲)이 묻는다[問]'는 뜻이다.

춘추시대의 제후나 대부에 대한 인물평이 대부분 수록되어 있다. 아울러 '인을 실천하고 염치를 아는 것'과 '자신을 수양하고 백성을 편하게 해주는 것'이 정치의 요체임을 밝힌다.

녹봉이나 받아먹는 일은

원헌이 부끄러움에 대해서 묻자, 공자께서 말씀하셨다.

"나라에 도가 행해지고 있을 때에 자리를 차지하고 앉아서 녹봉이나 받아먹고, 나라에 도가 행해지지 않을 때에도 관직에서 물러나지 않고 녹봉을 받아먹는 것은 부끄러운 일이다."

憲問恥한대, 子曰, 邦有道에 穀하며 邦無道에 穀이 恥也니라.
헌 문 치 자 왈 방 유 도 곡 방 무 도 곡 치 야

憲 : 공자의 제자. 성이 원(原), 자는 자사(子思). 憲은 이름.

해설 무도한 나라에 출사하여 녹을 받아먹는 것은 백성의 재물을 도둑질하는 범죄라 하겠다. 인정(仁政)을 펴는 경우에 출사하여 녹을 받아먹어야 한다.

선비가 편안히 살기만을

공자께서 말씀하셨다.

"선비가 편안히 살기만을 생각한다면, 선비라고 할 수가 없다."

子曰, 士而懷居면 不足以爲士矣니라.
자 왈 사 이 회 거 부 족 이 위 사 의

말과 행동을 돋보이게

공자께서 말씀하셨다.

"나라에 도가 행해지고 있을 때는 말과 행동을 돋보이게 하지만, 나라에 도가 행해지고 있지 않을 때는 행동은 돋보이게 하되, 말은 공손해야 한다."

子曰, 邦有道엔 危言危行하고 邦無道엔 危行言孫이니라.
자왈 방유도 위언위행 방무도 위행언손

덕과 인간다운 사람

공자께서 말씀하셨다.

"덕이 있는 사람은 반드시 본받을 만한 훌륭한 말을 하는 법이지만, 훌륭한 말을 하는 사람이라고 해서 반드시 덕이 있는 것은 아니다. 인간다운 사람은 반드시 용기를 갖고 있지만, 용기를 갖고 있다고 해서 반드시 인간다움이 갖추어져 있는 것 또한 아니다."

子曰, 有德者는 必有言이어니와 有言者는 不必有德이니라.
자왈 유덕자 필유언 유언자 불필유덕

仁者는 必有勇이어니와 勇者는 不必有仁이니라.
인자 필유용 용자 불필유인

해설 덕이 있는 사람은 반드시 그 말이 착하다. 그러나 착한 말을 하는 사람 모두가 덕이 있는 자라고 단정할 수는 없다. 왜냐하면 교언영색으로 그 겉모습과 속마음이 아주 다를 수도 있기 때문이다. 어진 사람의 용기에는 그 밑바탕에 정의감과 인간애가 스며 있다. 그러나 용기있는 사람이라고 해서 모두 정의감과 인간애의 소유자라고 할 수는 없다. 단순히 용기만 있을 뿐 의로움과 인덕(人德)을 모르는 자도 있기 때문이다.

군자로서 어질지 못한 사람은

공자께서 말씀하셨다.

"군자로서 어질지 못한 사람은 있을 수 있지만, 소인으로서 어진 사람은 있어 본 적이 없었다."

子曰, 君子而不仁者는 有矣夫어니와!
자왈 군자이불인자 유의부

未有小人而仁者也니라.
미유소인이인자야

그에게 충성한다면서

공자께서 말씀하셨다.

"그를 사랑한다면서, 힘든 일을 시키지 않을 수 있겠느냐? 그에게 충성한다면서, 바르게 깨우쳐 주지 않을 수 있겠느냐?"

子曰, 愛之란 能勿勞乎아?
자왈 애지 능물노호

忠焉이란 能勿誨乎아?
충언　　능물회호

부유하면서 교만하지 않기는

공자께서 말씀하셨다.

"가난하면서 원망하지 않기는 어렵지만, 부유하면서 교만하지 않기는 쉽다."

子曰, 貧而無怨은 難하고 富而無驕는 易니라.
자왈　빈이무원　난　부이무교　이

이로움이 되는 일을 보면

공자께서 말씀하셨다.

"이로움이 되는 일을 보면 의로운 것인지를 생각하고, 위태로운 사태를 보면 목숨을 내놓으며, 오래 전의 약속이라 할지라도 옛날에 한 말을 잊지 않는다면, 인격 완성이라 할 수 있다."

子曰, 見利思義하며 見危授命하며,
자왈　견리사의　견위수명

久要에 不忘平生之言이면
구요　불망평생지언

亦可以爲成人矣니라.
역가이위성인의

정도(正道)를 따르지 않았지만

공자께서 말씀하셨다.

"진나라 문공은 권모술수를 잘 쓰고 정도(正道)를 따르지 않았지만, 제나라 환공은 정도를 따르고 권모술수를 쓰지 않았다."

子曰, 晉文公은 譎而不正하고 齊桓公은 正而不譎하니라.
자왈 진문공 휼이부 제환공 정이불

晉文公 : 성은 희(姬), 이름이 중이(重耳)이다. 정당한 방법보다 권모술수에 능했다. 제나라 환공의 뒤를 이어 춘추 제2의 패자가 되었다.

齊桓公 : 이름이 소백(小白)이다. 대의에 입각하여 정정당당하게 싸웠다. 명재상 관중의 보좌로 패업을 이루었다.

※ 권모술수(權謀術數) : 권세와 모략과 중상 등 온갖 수단과 방법을 쓰다. 곧 목적을 위해 남을 교묘하게 속이는 모략이나 술수.

말을 함부로 하는 것을

공자께서 말씀하셨다.

"말을 함부로 하는 것을 부끄러워하지 않으면, 실천하기가 어렵다."

子曰, 其言之 不怍이면 則爲之也 難하니라.
자왈 기언지 부작 즉위지야 난

바른 말로 직간하라

자로가 임금을 섬기는 것에 대하여 묻자, 공자께서 말씀하셨다.
"속이지 말고 임금 앞에서 바른 말(직간)을 하라."

子路 問事君한대, 子曰, 勿欺也요 而犯之니라.
자로 문사군 자왈 물기야 이범지

군자는 날마다 위로 통달하고

공자께서 말씀하셨다.
"군자는 날마다 위로 통달하고, 소인은 날마다 아래로 통달한다."

子曰, 君子는 上達하고 小人은 下達이니라.
자왈 군자 상달 소인 하달

자기 향상을 위해 하였고

공자께서 말씀하셨다.
"옛날의 공부하는 이들은 자기 향상을 위해 하였고, 오늘날의 공부하는 이들은 남에게 알려지기 위해 한다."

子曰, 古之學者爲己러니 今之學者爲人이로다.
자왈 고지학자위기 금지학자위인

군자는 생각하는 것이

공자께서 말씀하셨다.

"그 직위에 있지 않다면 그 정사를 논하지 말라."

증자가 말하였다.

"군자는 생각하는 것이 자신의 지위에서 벗어나지 않는다."

子曰, 不在其位하얀 不謀其政이니라.
자 왈 부 재 기 위 불 모 기 정

曾子曰, 君子는 思不出其位니라.
증 자 왈 군 자 사 불 출 기 위

군자는 자신의 말이

공자께서 말씀하셨다.

"군자는 자신의 말이 행동을 넘어서는 것을 부끄럽게 여긴다."

子曰, 君子는 恥其言而過其行이니라.
자 왈 군 자 치 기 언 이 과 기 행

사는 현명한가 보구나!

자공이 자주 다른 사람을 비판하자, 공자께서 말씀하셨다.

"사는 현명한가 보구나! 나는 그럴 겨를이 없는데."

子貢이 方人하더니 子曰, 賜也는 賢乎哉아! 夫我則不暇로다.
자공 방인 자왈 사야 현호재 부아즉불

남이 나를 속이지 않을까

공자께서 말씀하셨다.

"남이 나를 속이지 않을까 미리 의심하지 말고, 남이 나를 믿지 않을까 억측하지 말라. 그러나 무슨 일이든 먼저 깨달아 아는 이는 현명한 사람이다."

子曰, 不逆詐하며 不億不信이나 抑亦先覺者 是賢乎인저!
자왈 불역사 불억불신 억역선각자 시현호

기주의 좋은 말은

공자께서 말씀하셨다.

"기주의 좋은 말은 그 힘으로 일컫는 것이 아니라, 그 조련이 잘 되었으므로 일컫는 것이다."

子曰, 驥는 不稱其力이라 稱其德也니라.
자왈 기 불칭기력 칭기덕야

驥 : 기주(驥州)에서 나는 명마(名馬). 천리마. 좋은 말.

은덕은 무엇으로 갚겠는가

어떤 사람이 물었다.

"은덕으로 원한을 갚는 것은 어떻습니까?"

공자께서 말씀하셨다.

"그러면 은덕은 무엇으로 갚겠는가? 원한은 정의로써 갚고, 은덕은 은덕으로 갚는 것이다."

或曰, 以德報怨이 何如니이까?
혹왈 이덕보원 하여

子曰, 何以報德고? 以直報怨이오 以德報德이니라.
자왈 하이보덕 이직보원 이덕보덕

하늘을 원망하지 않고

공자께서 말씀하셨다.

"하늘을 원망하지 않고 사람을 탓하지 않으며, 아래로 (일상적인 것에서)부터 배워서 심오한 이치에까지 도달하였으니, 나를 알아주는 것은 저 하늘뿐이다!"

子曰, 不怨天하면 不尤人이요 下學而上達하노니
자왈 불원천 불우인 하학이상달

知我者其天乎인저!
지아자기천호

해설 춘추시대 난세에 태어난 공자는 세상을 바로잡고, 백성을 건질 큰 뜻을 품었으나 자기의 정치적 이념을 펼쳐볼 기회를 얻지 못하였다. 그러므로 그는 자신을 알아주는 사람이 없다고 탄식한 것이다. 그러나 그는 하학이상달(下學而上達)한 경지를 하늘이 알아주리라고 스스로를 달래고 있다. 여기서 하학(下學)이란, 자기의 생활 주변의 일을 성실히 배워나가는 것을 뜻한다. 즉 어버이에게 효도하고 벗에게는 신의를 지키며, 말을 삼가고 맡은 일에는 민첩함과 같은 것이다.

이렇게 그는 단순한 글공부가 아닌 실천적인 자기 수양을 통하여 급기야는 상달(上達), 즉 하늘의 심오한 이법(理法)에까지 통달하게 되었다는 것이다. 이와 같은 그의 학문은 실천을 위주로 하는 현실주의에 그 바탕을 두고 있다.

어지러운 세상을 피하고

공자께서 말씀하셨다.

"현명한 사람은 도가 행해지지 않는 어지러운 세상을 피하고, 그 다음 가는 사람은 무도한 나라를 피하고, 그 다음 가는 사람은 무례한 사람을 피하고, 그 다음 가는 사람은 그릇된 말을 피한다."

子曰, 賢者는 辟世하고 其次는 辟地하고
자왈 현자 벽세 기차 벽지

其次는 辟色하고 其次는 辟言이니라.
기차 벽색 기차 벽언

윗사람이 예를 좋아하면

공자께서 말씀하셨다.
"윗사람이 예를 좋아하면 백성들 부리기 쉽다."

子曰, 上好禮면 則民易使也니라.
자 왈 상 호 례 즉 민 이 사 야

백성을 편안케 해주는 것은

자로가 군자에 대하여 묻자, 공자께서 말씀하셨다.
"자기를 수양하고 경건해야 한다."
"그렇게만 하면 됩니까?"
"자기를 수양하고 다른 사람들을 편안케 해주어야 한다."
"그렇게만 하면 됩니까?"
"자기를 수양하여 백성들을 편안케 해주어야 한다. 자기를 수양하고 백성들을 편안케 해주는 것은 요임금과 순임금도 아마 실현하기 어려워한 것이다."

子路 問君子한대 子曰, 修己以敬이니라.
자 로 문 군 자 자 왈 수 기 이 경

曰, 如斯而已乎이까?
왈 여 사 이 이 호

曰, 修己以安人이니라.
왈 수 기 이 안 인

曰, 如斯而已乎이까?
왈 여사이이호

曰, 修己以安百姓이니 修己以安百姓은
왈 수기이안백성 수기이안백성

堯舜도 其猶病諸시니라!
요순 기유병제

해설 군자는 자기의 언행을 수양하고 백성을 편안케 하고자 하는 사명감을 지니고 있다. 그러나 이는 말하기는 쉽지만 실천하기는 어렵다. 그러므로 요순과 같은 성군들도 이 일의 실현을 위해 고심했던 것이다. 그러나 군자는 바로 수기이안백성(修己以安百姓)이 자기가 실천해야 할 과제임을 자각하여, 한치의 소홀함이 없어야 한다.

제15편
위령공衛靈公

공자가 겪은 여러 가지 불우한 일들에 관한 기술 및 쇠퇴한 세상을 한탄하는 감회를 적었다. 그 속에서도 수양과 처세에 관한 말씀과 교육적인 명언(名言) 등이 수록되어 있다.

군자도 곤궁에 처한다

위(衛)나라 영공(靈公)이 진법(陣法)에 대하여 묻자, 공자께서 대답하셨다.

"나는 제법(祭法)에 대해서는 일찍이 들어서 알지만, 군사(軍事)에 대해선 배운 적이 없습니다."

이튿날 공자께선 드디어 위나라를 떠나셨다.

진(陳)나라로 떠나가실 때, 양식이 떨어져서 따라갔던 문하생들은 몹시 지쳐 버려서 일어설 수도 없을 지경이었다. 자로가 화가 나서 공자께 여쭈었다.

"군자도 곤궁에 처할 경우가 있습니까?"

공자께서 말씀하셨다.

"군자도 곤궁에 처할 경우가 있다. 하지만 곤궁해도 탈선하지 않는다. 그러나 소인은 곤궁하면 옳지 못한 짓을 하게 된다."

衛靈公이 問陣於孔子한대
위령공 문진어공자

孔子對曰, 俎豆之事는 則嘗聞之矣어니와
공자대왈 조두지사 즉상문지의

軍旅之事는 未之學也라 하시고 明日遂行하시다.
군려지사 미지학야 명일수행

在陳絶糧하니, 從者病하야, 莫能興이러니
재진절량 종자병 막능흥

子路 慍見曰, 君子亦有窮乎이꼬?
자로 온견왈 군자역유궁호

子曰, 君子는 固窮이니 小人은 窮斯濫矣니라.
자왈 군자 고궁 소인 궁사 의

해설 덕치(德治)를 모르는 위나라의 영공은 공자에게 전진(戰陣)을 물었다. 이와 같이 무도한 난세에서는 참다운 군자는 궁핍하게 마련이다. 그러므로 도가 행해지는 세상을 만들려고 고생을 하는 것이다. 궁핍에 지면 안된다. 공자는 군자의 곤궁함은 하늘이 내리는 시련이니, 참아야 한다고 타이른 것이다.

하나의 이치로 꿰뚫다

공자께서 자공에게 물으셨다.

"사야, 너는 내가 많이 배워서 그것들을 기억하는 사람이라고 생각하느냐?"

자공이 대답하였다.

"그렇습니다. 그런 것이 아닙니까?"

"아니다. 나는 오직 하나의 이치로 모든 것을 꿰뚫고 있을 뿐이다."

子曰, 賜也아, 女以予爲多學而識之者與아?
자왈 사야 여이예위다학이식지자여

對曰, 然하니다. 非與이까?
대왈 연 비여

曰, 非也라. 予一以貫之니라.
왈 비야 예일이관지

賜 : 자공(子貢)의 이름.

해설 모든 행동을 '하나인 인덕, 곧 충(忠)과 서(恕)'를 바탕으로 해야 한다. 한편 만물에 대한 인식을 '하나의 천도'를 기준으로 하면 모든 것이 관통하기 마련이다.

덕을 아는 사람

공자께서 말씀하셨다.
"유야, 덕을 아는 사람이 드물구나!"

子曰, 由아, 知德者鮮矣니라!
자 왈 유 지 덕 자 선 의

자기의 몸가짐을 공손히 하고

공자께서 말씀하셨다.
"스스로 애쓰지 않고도 천하를 태평하게 다스린 사람은 순임금이었다! 그는 어떻게 하였을까? 그는 자기의 몸가짐을 공손히 하고 바르게 임금의 자리를 지키고 있었을 뿐이다."

子曰, 無爲而治者는 其舜也與신저!
자 왈 무 위 이 치 자 기 순 야 여

夫何爲哉시리오? 恭己 正南面而已矣시리라.
부 하 위 재 공 기 정 남 면 이 이 의

南面 : 임금은 남쪽을 향하여 앉으므로 곧 임금노릇 하는 것을 말한다.

어디에서나 통할 수 있는 행실

자장이 어디에서나 통할 수 있는 행실에 대해서 묻자, 공자께서 말씀하셨다.

"말이 진실되고 믿음직하며, 행동이 독실하고 공경스러우면 비록 오랑캐의 나라에서라도 통할 수 있을 것이다. 말이 진실되고 믿음직스럽지 못하며 행동이 독실하고 공경스럽지 않다면, 비록 고향에서도 통할 수 있겠느냐?"

子張이 問行한대 子曰, 言忠信하며 行篤敬이면
자장 문행 자왈 언충신 행독경

雖蠻貊之邦이라도 行矣어니와 言不忠信하며
수만맥지방 행의 언불충신

行不篤敬이면 雖州里니 行乎哉아?
행부독경 수주리 행호재

蠻 : 남쪽 오랑캐 貊 : 북쪽 오랑캐.
州里 : 큰 마을이나 작은 마을. 예교(禮敎)가 행해지는 향리. 州는 대개 2,500가구로 된 마을이고, 里는 25가구로 된 마을이다.

나라에 도가 행해지지 않으면

공자께서 말씀하셨다.

"강직하구나 사어여! 나라에 도가 행해질 때도 화살처럼 곧았고, 나라에 도가 행해지지 않을 때도 화살처럼 곧았다. 군자로다, 거백옥이여! 나라에 도가 행해지면 나아가 벼슬을 하고, 나라에 도가 행해지지 않으면 능력을 거두어 숨을 수 있도다!"

子曰, 直哉라 史魚여! 邦有道에 如矢하며 邦無道에 如矢로다.
자 왈 직 재 사 어 방 유 도 여 시 방 무 도 여 시

君子哉라 蘧伯玉이여!
군 자 재 거 백 옥

邦有道則任하고 邦無道則可卷而懷之로다.
방 유 도 즉 임 방 무 도 즉 가 권 이 회 지

史魚 : 위(衛)나라의 대부. 성은 사(史), 이름은 추(鰌), 자는 자어(子魚). 위나라 영공에게 간신 미자하를 물리치고 거백옥을 중용하라고 여러 차례 충고했으나 받아들여지지 않았다. 그리하여 죽기 전에 그는 자신이 신하의 도리를 다하지 못했으니 정식으로 상례를 갖출 수 없다며 아들에게 자신의 시체를 그냥 들창 밑에 두라고 분부하였는데, 영공이 그 이유를 알고 그제야 자신의 잘못을 뉘우쳐 거백옥을 중용했다고 한다.

蘧伯玉 : 위나라의 대부. 성은 거(蘧), 이름은 원(瑗).

더불어 이야기할 만한 사람

공자께서 말씀하셨다.

"더불어 이야기할 만한 사람인데도 이야기하지 않는다면 사람을 잃게 되고, 함께 이야기할 수 없는 사람인데도 이야기하는 것은 말을 잃게 된다. 지혜로운 사람은 사람도 잃지 않고 말도 잃지 않는다.

子曰, 可與言而不與之言이면 失人이오.
자 왈 가 여 언 이 불 여 지 언 실 인

不可與言而與之言이면 失言이니.
불 가 여 언 이 여 지 언 실 언

知者는 不失人이며 亦不失言이니라.
지 자 불 실 인 역 불 실 언

높은 뜻을 지닌 선비와

공자께서 말씀하셨다.

“높은 뜻을 지닌 선비와 어진 사람은 목숨이 아까워서 인(仁)을 손상시키는 짓을 하지 않으며 자신의 목숨을 버리고라도 인을 이룬다.”

子曰, 志士仁人은 無求生以害仁이오,
자 왈 지 사 인 인 무 구 생 이 해 인

有殺身以成仁이니라.
유 살 신 이 성 인

志士 : 뜻 있는 선비. 옳다고 생각하는 일을 추구하는 지식인.

※ 살신성인(殺身成仁) : ‘자신을 죽여서라도 인(仁)을 이루다.’ 곧 옳은 일을 위해서 목숨을 바침.

해설 생명은 누구에게나 소중한 것이다. 그러나 뜻있는 선비와 어진 사람은 자기의 생존을 위해 인도(仁道)에 어긋나는 일을 하지는 않는다. 오히려 목숨과 인도(仁道)의 구현이 양립할 수 없을 때는 목숨을 버릴 수 있는 것이다. 그러므로 이들의 거룩한 행적은 후세에 귀감이 된다.

인을 행하는 방도

자공이 인을 행하는 방도를 묻자, 공자께서 말씀하셨다.

"기술자가 [장인(匠人)이] 그의 일을 잘 하려면 반드시 먼저 연장을 잘 손질해야 한다. 인을 실천하는 것도 이와 같은 것이니, 어떤 나라에 살든 그 나라의 대부들 가운데 현명한 사람을 섬기고, 그 나라의 선비들 중에서 어진 사람을 벗해야 한다."

子貢이 問爲仁한대 子曰, 工欲善其事인대 必先利其器니
자공 문위인 자왈 공욕선기사 필선리기기

居是邦也하여 事其大夫之賢者하며
거시방야 사기대부지현자

友其士之仁者니라.
우기사지인자

깊이 생각하지 않으면

공자께서 말씀하셨다.

"사람이 멀리 내다보며 깊이 생각하지 않으면 반드시 가까운 근심이 있게 된다."

子曰, 人無遠慮면 必有近憂니라.
자왈 인무원려 필유근우

遠慮 : 멀리 내다보고 깊이 있게 생각하는 것. 우주관·세계관·역사관을 바르고 크게 세운다는 뜻. 곧 크고 멀리 내다보지 않으면 사회나 국가가 파탄나고,

따라서 나 자신도 멸망하게 된다.

자신에 대해서는 엄중하게

공자께서 말씀하셨다.

"자신에 대해서는 스스로 엄중하게 책임을 추궁하고 다른 사람에 대해서는 가볍게 책임을 추궁하면 원망을 멀리할 수 있다."

子曰, 躬自厚 而薄責於人이면
자 왈 궁 자 후 이 박 책 어 인

則遠怨矣니라.
즉 원 원 의

의(義)에 미치지 않고

공자께서 말씀하셨다.

"여럿이 하루종일 모여 있으면서 하는 말이 의(義)에 미치지 않고, 잔꾀나 잔재주를 부리려 한다면 곤란하다!"

子曰, 群居終日에 言不及義오
자 왈 군 거 종 일 언 불 급 의

好行小慧면 難矣哉라!
호 행 소 혜 난 의 재

해설 지성인의 모임은 사회 정의를 논하고 도덕을 완성하는 데에 그 목적을 둔다. 이에 반하여 소인들은 서로 모여 자잘한 재치를

자랑하거나 무의미한 잡담 등으로 시간을 보내게 마련이다. 이들은 전혀 문제의식이 없이 단순히 자기 주변의 사소한 이해관계에만 사로잡혀 있는 것이다. 소인들의 이와 같은 행태는 자신에게나 사회에 별다른 도움이 되지 못한다.

진실로 군자로다

공자께서 말씀하셨다.

"군자는 의를 바탕으로 삼고 예로써 실행하며, 공손한 태도로 그것을 말하며, 신의로써 그것을 성사시키니 진실로 군자로다!"

子曰, 君子 義以爲質이오 禮以行之하며 孫以出之하며
자 왈 군 자 의 이 위 질 예 이 행 지 손 이 출 지

信以成之하나니 君子哉라!
신 이 성 지 군 자 재

자신의 무능을 걱정할 뿐

공자께서 말씀하셨다.

"군자는 자신의 무능을 걱정할 뿐, 다른 사람이 자기를 알아주지 않음을 걱정하지 않는다."

子曰, 君子는 病無能焉이오 不病人之不己知也니라.
자 왈 군 자 병 무 능 언 불 병 인 지 불 기 지 야

군자는 세상을 떠난 후에

공자께서 말씀하셨다.

"군자는 세상을 떠난 후에 그 이름이 일컬어지지 않을까를 걱정한다."

子曰, 君子는 疾沒世而名不稱焉이니라.
자 왈 군 자 질 몰 세 이 명 불 칭 언

자기 자신에게서 잘못을 찾고

공자께서 말씀하셨다.

"군자는 자기 자신에게서 잘못을 찾고 소인은 남에게서 잘못을 찾는다."

子曰, 君子는 求諸己요,
자 왈 군 자 구 제 기

小人은 求諸人이니라.
소 인 구 제 인

해설 사람의 인격과 도량은 책임 추궁 문제에서 확연히 드러나게 된다. 즉 군자는 일이 잘못되면 그 책임을 자신에게 묻고 깊이 반성하여, 다시는 되풀이하지 않도록 유의한다. 그러나 소인은 이와 다르다. 즉 일이 잘못되면 그 책임을 남에게 돌리고, 자기는 빠져나갈 궁리를 한다.

여럿이 함께 어울리지만

공자께서 말씀하셨다.
"군자는 긍지를 가지되 다투지 않으며, 여럿이 함께 어울리지만 당파를 만들지는 않는다."

子曰, 君子는 矜而不爭하시며 群而不黨이니라.
자왈 군자 긍이부쟁 군이부당

그럴 듯한 말만 듣고

공자께서 말씀하셨다.
"군자는 그럴 듯한 말만 듣고 사람을 천거하지 않으며, 인격이 보잘것없다고 해도 그 사람의 지당한 말을 버리지는 않는다."

子曰, 君子는 不以言擧人하며
자왈 군자 불이언거인

不以人廢言이니라.
불이인폐언

자기가 원하지 않는 것을

자공이 물었다.
"한마디 말로 평생토록 지켜나갈 만한 것이 있습니까?"

공자께서 말씀하셨다.

"그것은 바로 서(恕)일 것이다! 자기가 원하지 않는 것을 남에게 행하지 말라."

子貢 問曰, 有一言而可以終身行之者乎이까?
자공 문왈 유일언이가이종신행지자호

子曰, 其恕乎인저! 己所不欲을 勿施於人人이라.
자왈 기서호 기소불욕 물시어인인

교묘한 말은 덕을 어지럽히고

공자께서 말씀하셨다.

"교묘한 말은 덕을 어지럽히고, 작은 일을 참지 못하면 큰일을 그르친다."

子曰, 巧言은 亂德이오
자왈 교언 난덕

小不忍은 則亂大謀니라.
소불인 즉난대모

반드시 살펴보아야 하고

공자께서 말씀하셨다.

"여러 사람들이 미워하여도 반드시 살펴보아야 하고, 여러 사람들이 좋아하여도 반드시 잘 살펴보아야 한다."

子曰, 衆惡之라도 必察焉하며 衆好之라도 必察焉이니라.
자왈 중오지 필찰언 중호지 필찰언

사람이 도를 넓히는 것이지

공자께서 말씀하셨다.
"사람이 도를 넓힐 수 있는 것이지, 도가 사람을 넓히는 것이 아니다."

子曰, 人能弘道오 非道弘人이니라.
자왈 인능홍도 비도홍인

잘못이 있어도 고치지 않는 것

공자께서 말씀하셨다.
"잘못이 있어도 고치지 않는 것. 이것이 바로 잘못이다."

子曰, 過而不改를 是謂過矣니라.
자왈 과이불개 시위과의

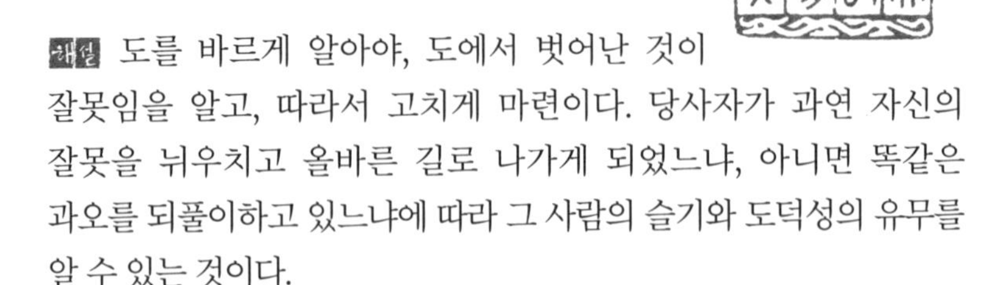

해설 도를 바르게 알아야, 도에서 벗어난 것이 잘못임을 알고, 따라서 고치게 마련이다. 당사자가 과연 자신의 잘못을 뉘우치고 올바른 길로 나가게 되었느냐, 아니면 똑같은 과오를 되풀이하고 있느냐에 따라 그 사람의 슬기와 도덕성의 유무를 알 수 있는 것이다.

종일토록 먹지 않고

공자께서 말씀하셨다.

"나는 일찍이 종일토록 먹지 않고 밤새도록 자지 않으면서 사색을 해보았지만, 유익함이 없었고 배우는 것만 못했다."

子曰, 吾嘗終日不食하며 終夜不寢하여 以思하니 無益이라,
자 왈 오 상 종 일 불 식 종 야 불 침 이 사 무

不如學也로다.
불 여 학 야

군자는 도를 걱정하되

공자께서 말씀하셨다.

"군자는 도를 추구할 뿐 먹을 것을 추구하지 않는다. 농사를 지어도 더러는 굶주릴 수 있지만, 학문을 하면 벼슬길에 나아가 녹을 얻을 수 있다. 그러므로 군자는 도를 걱정하되 가난을 걱정하지 않는다."

子曰, 君子는 謀道요 不謀食하나니 耕也에 餒在其中矣요.
자 왈 군 자 모 도 불 모 식 경 야 뇌 재 기 중 의

學也에 祿在其中矣니 君子는 憂道요 不憂貧이니라.
학 야 녹 재 기 중 의 군 자 우 도 불 우 빈

슬기로써 나라를 얻고

공자께서 말씀하셨다.

“슬기로써 나라를 얻었다 해도 인덕으로써 지키지 않으면 반드시 잃고 말 것이다. 슬기로써 나라를 얻고 인덕으로써 그것을 지켜낸다 할지라도, 엄숙한 자세로 임하지 않으면 백성들이 존경하지 않을 것이다. 슬기로써 얻고 인으로써 그것을 지키며 엄숙한 자세로 임하더라도, 백성들을 예로써 동원하지 않는다면 잘된 것이라 할 수는 없다.”

子曰, 知及之오도 仁不能守之면 雖得之나 必失之니라.
자왈 지급지 인불능수지 수득지 필실지

知及之하며 仁能守之오도 不莊以涖之면 則民不敬이니라.
지급지 인능수지 부장이리지 즉민불경

知及之하며 仁能守之하며 莊以涖之오도
지급지 인능수지 장이리지

動之不以禮면 未善也니라.
동지불이예 미선야

군자는 작은 일은 잘 못해도

공자께서 말씀하셨다.

“군자는 작은 일은 잘 못해도 큰 일은 맡아 할 수 있고, 소인은 큰 일은 감당하지 못해도 작은 일은 잘할 수 있다.”

子曰, 君子는 不可小知 而可大受也요.
자 왈 군자 불가소지 이가대수야

小人은 不可大受 而可小知也니라.
소인 불가대수 이가소지야

인을 따르다가 죽는 사람

공자께서 말씀하셨다.
"백성들에게 인은 물과 불보다 더 중요하다. 나는 물과 불에 빠지거나 휩싸여 죽는 사람은 보았지만, 인을 따르다가 죽는 사람은 보지 못하였다."

子曰, 民之於仁也에 甚於水火하니.
자 왈 민지어인야 심어수화

水火는 吾見蹈而死者矣어니와 未見蹈仁而死者也케라.
수화 오견도이사자의 미견도인이사자야

해설 물과 불은 사람의 일상생활에 있어 필수불가결한 요소이다. 그러나 인(仁)은 이것들보다 더욱 긴요한 것이다. 왜냐하면 인을 저버린다면 사람이 사람 구실을 할 수 없기 때문이다. 그러나 인도(仁道)의 구현을 위해 헌신하는 사람이 없는 것이 현실이다. 공자는 이 점을 개탄하고 있다.

인을 행함에 있어서는

공자께서 말씀하셨다.
"인을 행함에 있어서는 스승에게도 양보하지 않는다."

子曰, 當仁하여 不讓於師니라.
자 왈 당 인 불 양 어 사

군자는 곧고 바르지만

공자께서 말씀하셨다.
"군자는 곧고 바르지만 무턱대고 맹신하지는 않는다."

子曰, 君子는 貞而不諒이니라.
자 왈 군 자 정 이 불

해설 군자는 절조가 굳지만 시비곡직을 가리지 않고 집착하는 사람은 아니다. 그는 늘 도리에 맞는 것을 가려서 행하는 이성(理性)의 소유자이다.

추구하는 도가 같지 않으면

공자께서 말씀하셨다.
"추구하는 도가 같지 않으면 함께 일을 도모하지 않는다."

子曰, 道不同이면 不相爲謀니라.
자 왈 도 부 동 불 상 위 모

그 뜻을 올바르게 전달하면

공자께서 말씀하셨다.
"말이란 그 뜻을 올바르게 전달하면 그것으로 족하다."

子曰, 辭는 達而已矣니라.
자 왈 사 달 이 이 의

해설 말과 문장은 그 뜻을 제대로 전달하기만 하면 그만이다. 지나치게 수식에 치중하다가는 도리어 내용을 왜곡할 수도 있다.

소경인 악사를 돕는 길

악사인 소경 면이 공자를 찾아와 뵙자, 그가 층계앞에 오면, 공자가 "층계요."라 하고, 그가 자리 앞에 오면, 공자가 "자리요."라 하고, 그가 자리잡고 앉으면, 공자가 "아무개는 여기 있고, 아무개는 저기 있소."하고 말씀하셨다.

악사 면이 물러간 다음에 자장이 물었다.
"소경인 악사에게 말하는 도가 있습니까?"
공자께서 대답하셨다.
" 그렇다. 바로 그렇게 하는 것이 소경인 악사를 돕는 길이다."

師冕이 見할새 及階어늘 子曰, 階也라 하시고 及席어늘
사면　견　급계　자왈 계야　급석

子曰, 席也라 하시고 皆坐어늘
자왈 석야　개좌

子告之曰, 某在斯 某在斯라 하시다.
자고지왈 모재사 모재사

師冕이 出커늘 子張이 問曰, 與師言之道與이꼬?
사면　출　자장　문왈 여사언지도여

子曰, 然하다 固相師之道也니라.
자왈　연　고상사지도야

師冕 : 면(冕)이라는 이름의 악사(樂師), 소경이다.

제16편
계씨季氏

제(齊)나라에서 전하는 제론(齊論)으로 문하생 이외의 다른 사람에 대한 기록이다. 하여 '자왈(子曰)'이 아니라 공자왈(孔子曰)'로 기록되어 있다. 삼우(三友)·삼요(三樂)·삼연(三衍)·삼계(三戒)·삼외(三畏) 등 숫자적으로 맞춘 장이 있다. 총 14장으로 되어 있으나 이 책에서는 간추려 수록했다.

평안하지 못한 것을

공자께서 말씀하셨다.

"내가 들은 바에 의하면, '나라를 다스리는 사람은 백성이나 토지가 적은 것을 걱정하지 않고, (혜택이나 분배가) 고르지 않은 것을 걱정하며, 가난한 것을 걱정하지 않고, 평안하지 못한 것을 걱정한다'라고 했다. 대체로 분배가 고르면 가난하지 않고, 화목하면 백성이 적어지는 일이 없을 것이고, 평안하면 나라가 기울어지지 않을 것이다."

孔子曰, 丘也는 聞 有國有家者는 不患寡 而患不均하며
공자왈 구야 문 유국유가자 불환과 이환불

不患貧 而患不安이라 하니 蓋均이면 無貧이오,
불환빈 이환불안 개균 무빈

和면 無寡오, 安이면 無傾이니라.
화 무과 안 무경

천하에 도가 행해지면

공자께서 말씀하셨다.

"천하에 도가 행해지면 예악과 정벌이 천자로부터 나오고, 천하에 도가 행해지지 않으면 예악과 정벌이 제후로부터 나오게 된다. 그것이 제후로부터 나오게 되면 대체로 십 대 안에 정권을 잃지 않는 일이 드물고, 그것이 대부로부터 나오게 되면 오 대 안에 정권을 잃지 않는 일이 드물며, 가신이 나라의 대권을 잡으면 삼 대 안에 정권을 잃지 않는 일이 드물다. 천하에 도가 행해지면 정권이 대부에게 있을

리 없고, 천하에 도가 행해지면 뭇백성들이 정치를 논하지 않는다."

孔子曰, 天下有道면 則禮樂征伐이 自天子出하고
공자왈 천하유도 즉예악정벌 자천자출

天下無道면 則禮樂征伐이 自諸侯出하나니.
천하무도 즉예악정벌 자제후출

自諸侯出이면 蓋十世에 希不失矣오.
자제후출 개십세 희불실의

自大夫出이면 五世에 希不失矣오.
자대부출 오세 희불실의

陪臣이 執國命이면 三世에 希不失矣니라. 天下有道면
배신 집국명 삼세 희불실의 천하유도

則政不在大夫하고. 天下有道면 則庶人不議하나니라.
즉정부재대부 천하유도 즉서인불의

禮樂 : 예악과 문물제도로 백성을 교화함. 문화적인 통치를 뜻한다.

삼환 자손들의 세력

공자께서 말씀하셨다.

"작록을 주는 권한이 왕실에서 떠난 지가 5대가 되었고, 정권이 대부의 손에 들어간 지가 4대나 되었다. 그러므로 삼환 자손들의 세력이 쇠약해지는 것이다."

孔子曰, 祿之去公室이 五世矣오, 政逮於大夫가 四世矣니
공자왈 녹지거공실 오세의 정체어대부 사세의

故로 夫三桓之子孫이 微矣니라.
고 부삼환지자손 미의

五世 : 노나라는 선공으로부터 성공·양공·소공·정공에 이르는 동안 실권을 삼환이 장악하고 있었다.

公室 : 노나라 제후 즉, 공의 조정.

四世 : 노나라의 대부. 계씨(季氏) 일가인 문자(文子), 무자(武子), 평자(平子), 환자(桓子)의 사대 동안의 국권 농단을 거쳐 마침내 가신 양화(陽貨)가 권세를 부렸다.

三桓 : 노나라의 환공(桓公)에게서 나온 세 집안, 즉 맹손(孟孫)·숙손(叔孫)·계손(季孫)씨.

유익한 벗과 해로운 벗

공자께서 말씀하셨다.

"유익한 벗이 셋이고, 해로운 벗이 셋이다. 마음이 곧은 이와 벗하고, 성실한 이와 벗하며, 견문이 많은 이와 벗하면 유익하다. 편벽한 사람과 사귀고, 아부하는 사람과 사귀며, 말을 잘 둘러대는 사람과 사귀면 해롭다."

孔子曰, 益者三友요,
공자왈 익자삼우

損者三友니 友直하며 友諒하며 友多聞이면
손자삼우 우직 우량 우다문

益矣오. 友便僻하며 友善柔이며 友便佞이면 損矣니라.
익의 우편벽 우선유 우편녕 손의

해설 벗을 선택하는 일은 늘 신중해야 한다. 마음이 곧은 이나 성실한 이, 그리고 박학다식한 이와 사귀면 이롭다. 이와 반하여 겉치레에만 치중하고 마음이 바르지 못한 자, 남의 눈치나 살피며 아첨하는 자, 또는 성의없이 말만 잘 둘러대는 자를 가까이 하면 해로울 뿐이다.

이로운 즐거움과 해로운 즐거움

공자께서 말씀하셨다.

"이로운 즐거움이 셋 있고, 해로운 즐거움이 셋 있다. 예악의 절도를 따르기를 즐거워하고, 남의 착한 일을 말하기를 즐거워하며, 현명한 벗을 많이 사귀기를 즐거워하면 이롭다. 교만한 쾌락에 빠지기를 즐거워하고, 하는 일 없이 놀기만을 즐거워하며, 주색의 쾌락을 즐거워하면 해로울 뿐이다."

孔子曰, 益者三樂오, 損者三樂니 樂節禮樂하며
공자왈 익자삼요 손자삼요 요절예악

樂道人之善하며 樂多賢友면 益矣오.
요도인지선 요다현우 익의

樂驕樂하며 樂佚遊하며 樂宴樂이면 損矣니라.
요교락 요일유 요연락 손의

해설 사람의 즐거움에는 유익한 것도 있고 해로운 것도 있다. 그러므로 선비는 유익한 즐거움을 가리는 슬기가 있어야만 한다. 즉 예악에 맞추어 심신을 바르게 갖는 것을 즐기며 조화를 얻고, 남의 장점을 드러내기를 즐기면 인화를 이루게 되며, 현명한 이를 벗삼기를 즐기면 인격 향상에 도움이 되어 이롭다. 이에 반하여 자기의 지위를 믿고 교만한 쾌락에 빠지거나, 무책임하게 노는 일로 세월을 보낸다거나, 술과 여자에 빠진 채 자기의 본분을 잊는다면 파면을 초래할 뿐이다.

군자의 세 가지 잘못

공자께서 말씀하셨다.

"군자를 모시는데 있어서 저지르기 쉬운 세 가지 잘못이 있다. 군자가 말을 하지 않았는데 먼저 말하는 것은 조급한 짓이고, 둘째, 군자가 말을 했는데도 대꾸를 하지 않음은 속을 감추는 짓이며, 셋째, 군자의 안색을 살피지도 않고 성급하게 말함은 눈치가 없는 짓이다."

孔子曰, 侍於君子에 有三愆하니 言未及之而言을 謂之躁요.
공자왈 시어군자 유삼건 언미급지이언 위지조

言及之而不言을 謂之隱이오 未見顔色而言을 謂之瞽니라.
언급지이불신 우지은 미견안색이언 위지고

경계해야 할 세 가지 일

공자께서 말씀하셨다.

"군자에게는 경계해야 할 일이 세 가지 있다. 젊을 때는 혈기가 아직 안정되지 않았으니 색(色)을 경계해야 한다. 장년이 되어서는 혈기가 한창 왕성하니 싸움을 경계해야 한다. 늙어서는 혈기가 이미 쇠잔해졌으니 탐욕을 경계해야 한다."

孔子曰, 君子有三戒하니 少之時에 血氣未定이라,
공자왈 군자유삼계 소지시 혈기미정

戒之在色이오 及其壯也하여 血氣方剛이라 戒之在鬪오.
계지재색 급기장야 혈혈방강 계지재투

及其老也하여 血氣旣衰라 戒之在得이니라.
급기노야 혈기기쇠 계지재득

두려워해야 할 세 가지

공자께서 말씀하셨다.

"군자에게는 두려워해야 할 일이 세 가지가 있다. 천명을 두려워해야 하고, 큰 인물을 두려워해야 하며, 성인의 말씀을 두려워해야 한다. 소인은 천명을 알지 못하므로 두려워하지 않고, 큰 인물을 예사로 알고 존경치 않으며, 성인의 말씀을 업신여기는 것이다."

孔子曰, 君子有三畏하니 畏天命하며 畏大人하며
공자왈 군자유삼외 외천명 외대인

畏聖人之言이니라. 小人은 不知天命而不畏也라.
외성인지언 소인 부지천명이불외야

狎大人하며 侮聖人之言이니라.
압대인 모성인지언

해설 천명은 하늘이 부여한 올바른 이치이고, 대인은 학식과 덕망이 높은 인물이며, 성인의 말씀은 곧 진리이고, 도덕적 규범이다. 그러므로 군자는 이 세 가지를 늘 외경하며 자신의 몸가짐을 삼가는 것이다. 그러나 소인은 식견이 낮고 또한 욕심에만 사로잡혀 있다. 그러므로 반드시 두려워하고 따라야 할 진리와 도덕적 규범을 능멸하는 것이다.

스스로 아는 사람

공자께서 말씀하셨다.

"태어나면서부터 스스로 아는 사람은 으뜸이고, 배워서 아는 사람은 다음이며, 막히자 애써 배우는 사람은 그 다음이다. 그러나 막혀도 배우지 않는 사람은 최하이다."

孔子曰, 生而知之者는 上也오, 學而知之者는 次也오,
공자왈 생이지지자 상야 학이지지자 차야

困而學之는 又其次也니 困而不學이면 民斯爲下矣니라.
곤이학지 우기차야 곤이불학 민사위하의

생각하는 바 아홉 가지

공자께서 말씀하셨다.

"군자는 항상 생각하는 바가 아홉 가지 있다. 사물을 볼 때에는 분명하게 볼 것을 생각하고, 나의 말을 들을 때에는 총명하게 들을 것을 생각하고, 안색은 온화하게 할 것을 생각하고, 몸가짐은 공손하게 할 것을 생각하고, 말은 진실하게 할 것을 생각하고, 일은 신중하기를 생각하고, 의심이 날 때에는 물어볼 것을 생각하고, 화가 날 때에는 뒤에 겪을 어려움을 생각하고, 이득될 것을 보았을 때에는 의로운 것인가를 생각한다."

孔子曰, 君子有九思하니 視思明하며 聽思聰하며 色思溫하며
공자왈 군자유구사 시사명 청사총 색시온

貌思恭하며 言思忠하며 事思敬하며 疑思問하며
모사공 언사충 사사경 의사문

忿思難하며 見得思義니라.
분사난 견득사의

有九思 : 아홉 가지 일에 대하서 깊이 생각해야 한다. 思는 생각하고 또 노력한다는 뜻.

해설 공자는 늘 일상생활의 비근한 일에 관심을 가지고 있었다. 즉 밝은 눈과 총명한 귀, 부드러운 얼굴빛과 공손한 몸가짐, 신의있는 말씨와 신중한 일처리, 의문을 캐묻는 것과 분노를 이성으로 다스리는 자제력 등이 그것이다. 그리고 이득을 보면 선뜻 취하려고 하지 말고 그것이 의로운 것인가를 생각해야 한다. 이와 같은 9가지 상황을 제대로 생각하고 실천할 수 있을 때, 비로소 전인적인 인격자라고 할 수 있는 것이다.

착한 일을 보면

공자께서 말씀하셨다.

"착한 일을 보면 마치 거기에 미치지 않아 안타까운 듯 간절하게 추구하고, 착하지 않은 일을 보면 끓는 물에 손을 넣은 듯 재빨리 피해야 한다고 했다. 나는 그런 사람을 보았고 그런 말도 들었다. 숨어서 삶으로써 자신이 뜻하는 바를 추구하고, 나아가서는 군신의 의를 행하여 천하에 자신의 도를 달성해야 한다고 했다. 나는 그렇게 하는 말은 들었지만 아직 그런 사람을 보지는 못하였다.

孔子曰, 見善如不及하며 見不善如探湯을 吾見其人矣요
공자왈 견선여불급 견불선여탐탕 오견기인의

吾聞其語矣로라. 隱居以求其志하며 行義以達其道를
오 문 기 어 의 　은 거 이 구 기 지 　행 의 이 달 기 도

吾聞其語矣요 未見其人也로라.
오 문 기 어 의 　미 견 기 인 야

해설 선(善)을 적극적으로 추구하고, 불선(不善)을 경계하는 사람이 있다. 그러나 물러나도 뜻을 찾고, 의를 행하면서 더욱 높은 차원의 도를 구하는 사람이 없다고 말했다.

제17편
양화陽貨

공자가 세상 인심이 쇠퇴하였음을 한탄한 말과 문하생, 그 밖의 여러 사람에게 경고한 말이 수록되어 있다. '나라의 대신들 뿐만 아니라 가신(家臣)들도 타락했으며, 이에 세상이 흉악하게 되었다.'

사람의 타고난 성품은

공자께서 말씀하셨다.
"사람의 타고난 성품은 서로 비슷하지만, 배우고 익히는 습성에 따라 서로 달라지고 멀어진다."

子曰, 性相近也나 習相遠也니라.
자 왈 성 상 근 야 습 상 원 야

해설 인간의 선본성(善本性)을 계발하고 발달시키기 위해서는 효도, 윤리도덕 교육을 받고 또 실천해서 몸에 익숙하게 길들도록 해야 한다. 가르치지 않으면 동물적 존재로 전락한다.

지혜롭고 어리석은 사람

공자께서 말씀하셨다.
"오직 가장 지혜로운 사람과 반대로 가장 어리석은 사람은 서로 바뀔 수 없다."

子曰, 唯上知與下愚는 不移니라.
자 왈 유 상 지 여 하 우 불 이

해설 상지(上知)를 하지(下知)로 만들 수 없고, 하지를 상지로 만들 수도 없다.

다섯 가지 덕목

자장이 공자에게 인(仁)에 대해서 묻자, 공자께서 말씀하셨다.

"천하에 다섯 가지 덕목을 행할 수 있으면 그것이 곧 인이 된다."

"청컨대, 그 내용을 여쭙고 싶습니다."

"공손함, 관대함, 믿음직스러움, 민첩함, 은혜로움이 그것이다. 공손하면 업신여김을 당하지 않고, 관대하면 대중의 지지를 얻고, 믿음직스러우면 사람들이 신임하게 되고, 민첩하면 적을 쌓게 되고, 은혜로우면 다른 사람들을 부릴 수 있게 된다."

子張이 問仁於孔子한대,
자장 문인어공자

孔子曰, 能行五者於天下면 爲仁矣니라.
공자왈 능행오자어천하 위인의

請問之한대. 曰, 恭寬信敏惠니 恭則不侮하고 寬則得衆하고
청문지 왈 공관신민혜 공즉불모 관즉득중

信則人任焉하고 敏則有功하고 惠則足以使人이니라.
신즉인임언 민즉유공 혜즉족이사인

해설 공자는 자장에게 공(恭)·관(寬)·신(信)·민(敏)·혜(惠)를 세상에 실천할 수 있어야만 인이라고 할 수 있다고 했다. 인을 체득하는 일은 이렇게 높고도 험난하다. 그러므로 이 다섯 덕목을 차질없이 실천할 수 있는 이는 전인적인 인격의 소유자일 것이다.

여섯 가지 덕목과 폐단

공자께서 말씀하셨다.

"유야, 너는 여섯 가지 덕목에 따르는 여섯 가지 폐단에 관해서 들었느냐?"

자로가 대답하였다.

"아직 못 들었습니다."

"거기 앉거라. 내가 네게 말해주마. 인(仁)을 좋아하되 배우기를 좋아하지 않으면 그 폐단은 어리석게 된다. 지혜로움을 좋아하되 배우기를 좋아하지 않으면 그 폐단은 허황하게 된다. 신의를 좋아하되 배우기를 좋아하지 않으면 그 폐단은 남을 해치게 된다. 정직함을 좋아하면서 배우지 않으면 그 폐단은 각박하게 된다. 용맹스럽기를 좋아하되, 배우기를 좋아하지 않으면 그 폐단은 난폭하게 된다. 군센 것을 좋아하되, 배우기를 좋아하지 않으면 그 폐단은 광기를 부리게 된다."

子曰, 由也아 女聞六言蔽矣乎아. 對曰, 未也로이다.
자왈 유야 여문육언폐의호 대왈 미야

居하라. 吾語女하리라. 好仁不好學이면 其蔽也愚오.
거 오어여 호인불호학 기폐야우

好知不好學이면 其蔽也蕩이오.
호여불호학 기폐야탕

好信不好學이면 其蔽也賊이오.
호신불호학 기폐야적

好直不好學이면 其蔽也絞오. 好勇不好學이면 其蔽也亂이오.
호직불호학 기폐야교 호용불호학 기폐야난

好剛不好學이면 其蔽也狂이니라.
호강불호학 기폐야광

六言 : 여섯 가지 말. 즉 인(仁)·지(知)·신(信)·직(直)·용(勇)·강(剛)의 여섯 가지 덕목.

왜 시경을 공부하지 않느냐?

공자께서 말씀하셨다.

"너희들은 왜 시경을 공부하지 않느냐? 시경을 배우면 그것으로 감흥을 불러일으킬 수 있고, 인정과 풍속을 살필 수 있으며, 여러 사람들과 잘 어울릴 수 있고 사리에 어긋나지 않게 원망할 수 있게 하며, 가까이로는 그것을 본받아 어버이를 섬기고, 멀리는 임금을 섬기는 도리를 배우게 하며, 또한 새와 짐승과 풀과 나무의 이름에 대해서도 많이 알게 된다."

子曰, 小子는 何莫學夫詩오? 詩는 可以興이며 可以觀이며,
자왈 소자 하막학부시 시 가이흥 가이관

可以群이며 可以怨이며 邇之事父며 遠之事君이오,
가이군 가이원 이지사부 원지사군

多識於鳥獸草木之名이니라.
다식어조수초목지명

小子 : 젊은 사람. 공자가 제자들을 가리키는 말.

벽을 뚫고 담을 뛰어넘는

공자께서 말씀하셨다.

"얼굴빛은 위엄이 있으면서도 속으로는 나약한 사람을 소인배에

비유한다면, 그것은 마치 벽을 뚫고 담을 뛰어넘는 도둑과 같은 것이리라!

子曰, 色厲而內荏을 譬諸小人컨대 其猶穿窬之盜也與인저!
자왈 색려이내임 비제소인 기유천유지도야여

큰 덕을 해치는 도둑

공자께서 말씀하셨다.
"시세에 영합하면서 겉으로만 점잖고 성실한 듯이 행동하여 마을 사람들에게 인정받는 사람은 큰 덕을 해치는 도둑이다."

子曰, 鄕原은 德之賊也니라.
자왈 향원 덕지적야

鄕原 : 매사에 옳고 그름을 분명하게 따지지 않고 시세에 영합하면서도 점잖고 성실한 듯 행동하여 순박한 마을 사람들에게 인정받는 사람.

길에서 들은 이야기를

공자께서 말씀하셨다.
"길에서 들은 이야기를 다시 그대로 길에서 이야기해 버리는 것은, 그 속에 있는 중요한 것을 생각하려고 하지 않는 것이므로 덕(德)을 버리는 것과도 같다."

子曰, 道聽而塗說이면 德之棄也니라.
자왈 도청이도설 덕지기야

道聽而塗說 : 길에서 들은 말을 깊이 생각하는 바가 없이 그대로 길에서 말하는 것. 塗는 途(도: 길)와 같음.

해설 좋은 말은 마음에 간직하고 자기 것으로 하지 않으면 덕을 쌓을 수 없다는 말이다. 공자는 몸을 수양하고 가정을 다스리며, 나라를 다스리고 천하를 평정하여 하늘의 도를 지상에 행하는 것을 이상으로 삼았다. 그리고 사람들이 엄격하게 자신을 다스리며 덕을 쌓기 위해서는 끊임없는 노력이 필요하다는 것을 가르쳤다.

비열한 사람과 함께

공자께서 말씀하셨다.

"비열한 사람과 함께 임금을 섬길 수 있겠는가? 이런 자는 직위를 얻지 못하면 어떻게 얻을까 근심하며, 또한 직위를 이미 얻고 나서는 잃을까 근심을 한다. 진실로 잃을까 근심하게 되면 못하는 짓이 없게 될 것이다."

子曰, 鄙夫는 可與事君也與哉아? 其未得之也엔 患得之하고
자왈 비부 가여사군야여재 기미득지야 환득지

旣得之하얀 患失之하나니 苟患失之면 無所不至矣니라.
기득지 환실지 구환실지 무소부지의

鄙夫 : 비열한 사내. 도량이 좁고 이익을 탐하는 사람.

하늘이 무엇을 말하더냐?

공자께서 말씀하셨다.

"나는 말을 하지 않으련다."

자공이 말했다.

"선생님께서 말씀을 하시지 않으시면 저희들이 어떻게 선생님의 뜻을 전하겠습니까?"

공자께서 말씀하셨다.

"하늘이 무엇을 말하더냐? 사철이 운행하고 만물이 생겨나지만 하늘이 무엇을 말하더냐?"

子曰, 予欲無言하노라.
자 왈 예 욕 무 언

子貢曰, 子如不言이시면 則小子何述焉이리이까?
자 공 왈 자 여 불 언 즉 소 자 하 술 언

子曰, 天何言哉시리오? 四時行焉하며,
자 왈 천 하 언 재 사 시 행 언

百物生焉하나니 天何言哉시리오?
백 물 생 언 천 하 언 재

해설 패륜과 악덕이 난무하는 현실에서 공자는 입을 다문 채 천명을 생각해 보았을 것이다. 하늘은 사시를 운행하고 만물을 자라게 하며 감싸준다. 이렇게 위대한 일을 하면서도 아무런 말이 없다. 사람도 이와 같은 하늘의 섭리를 본받아야 한다. 즉 말없이 선행을 쌓고 의미있는 일을 위해 애쓴다. 이렇게 도는 말보다는 실천을 통해 구현될 수 있는 것이다.

마음쓰는 바가 없다면

공자께서 말씀하셨다.

"하루종일 배불리 먹고 마음쓰는 바가 없다면 참으로 딱한 일이다. 장기나 바둑이라는 것이 있지 않느냐? 차라리 그런 것이라도 하는 것이 하지 않는 것보다 낫다."

子曰, 飽食終日하여 無所用心이면 難矣哉라!
자왈 포식종일 무소용심 난의재

不有博奕者乎아? 爲之猶賢乎已니라?
불유박혁자호 위지유현호이

군자는 도의를 으뜸으로

자로가 물었다.

"군자는 용맹스러움을 숭상합니까?"

공자께서 말씀하셨다.

"군자는 도의를 으뜸으로 여긴다. 군자가 용맹스러움만 있고 도의가 없으면 난을 일으키게 되고, 소인이 용맹스러움만 있고 도의가 없으면 도둑질을 하게 된다."

子路曰, 君子尚勇乎이까?
자로왈 군자상용호

子曰, 君子義以爲上이니, 君子有勇而無義면 爲亂이오,
자왈 군자의이위상 군자유용이무의 위난

小人이 有勇而無義면 爲盜니라.
소인 유용이무의 위도

해설 사람은 용기와 실천력만으로는 올바르게 처신할 수 없다. 먼저 확고한 윤리의식을 갖추어야만 한다. 앞에서 말한 덕목도 이런 것으로 무장이 되어야만 바르게 쓰일 수 있는 것이다. 그러므로 군자는 용기보다 의로움을 더욱 숭상하는 것이다.

융통성이 없는 사람을 미워한다

자공이 물었다.
"군자도 미워하는 것이 있습니까?"
공자께서 말씀하셨다.
"미워하는 것이 있다. 다른 사람의 허물을 떠들어대는 것을 미워하고, 아랫사람이 윗사람을 비방하는 것을 미워하고, 용맹스럽기만 하고 예절을 모르는 것을 미워하고, 과감하기만 하고 꽉 막혀 융통성이 없는 사람을 미워한다."

子貢이 曰, 君子亦有惡乎이까?
자공 왈 군자역유오호

子曰, 有惡하니. 惡稱人之惡者하며, 惡居下流而訕上者하며,
자왈 유오 오칭인지악자 오거하류이산상자

惡勇而無禮者하며, 惡果敢而窒者니라.
오용이무례자 오과감이질자

여자와 소인은

공자께서 말씀하셨다.
"여자와 소인은 다루기가 어렵다. 가까이하면 불손해지고 멀리하면 원망하게 된다."

子曰, 唯女子與小人이 爲難養也니.
자 왈 유 여 자 여 소 인 위 난 양 야

近之則不孫하고 遠之則怨이니라.
근 지 즉 불 손 원 지 즉 원

나이 사십이 되어서도

공자께서 말씀하셨다.
"나이 사십이 되어서도 남에게 미움을 받는다면 (인격적으로) 그야말로 끝장이다."

子曰, 年四十而見惡焉이면, 其終也已니라.
자 왈 년 사 십 이 견 오 언 기 종 야 이

해설 나이 사십이면 인생의 쓰고 단맛을 어지간히 맛보았다고 할 수 있다. 또한 젊은 날의 객기나 잘못도 깨달을 수 있는 때이다. 그러므로 어느 시인은 사십이면 귀신도 볼 수 있는 나이라 노래한 바 있다. 이와 같은 삶의 원숙기에 원만하게 처신치 못하여 남들의 미움을 받는다면 그의 삶은 실패작이라고 할 수밖에 없다.

제18편
미자微子

성인이나 현인 및 공자 자신의 출세, 진퇴에 대한 기록이다. 여기에서 세상을 버리고 숨어 사는 현실 도피의 도교사상과 현실에 적극 참여하려는 유교사상의 근본적인 차이를 엿볼 수 있다.

세 명의 인자(仁者)

미자는 떠나버렸고 기자는 노예로 가장하여 숨었고, 비간은 간하다가 죽었다. 공자께서 말씀하셨다.

"은나라에는 세 명의 인자(仁者)가 있었다."

微子는 去之하고 箕子는 爲之奴하며 比干은 諫而死하나니
미자 거지 기자 위지노 비간 간이사

孔子曰, 殷有三仁焉하니라.
공자왈 은유삼인언

微子 : 은나라 주왕(紂王)의 서형(庶兄). 이름은 계(啓), 미(微)는 나라 이름. 자는 작(爵). 포악무도한 주왕을 간했으나 듣지 않으므로, 제기(祭器)를 가지고 미(微)나라로 가서 은나라 선조의 제사를 보전했다.

箕子 : 주왕의 숙부로 그의 무도함을 보고 여러 차례 간하다가 듣지 않자 미치광이로 가장하여 그의 종노릇을 했다.

比干 : 주왕의 숙부로 주왕의 무도함을 끝까지 간하다가 주왕에게 피살되었다. 주왕은 성인(聖人)의 심장에는 일곱 개의 구멍이 있다고 들었다며 그의 심장을 꺼내 보았다고 전한다.

해설 여기서 미자(微子)의 미(微)와 기자(箕子)의 기(箕)는 이들의 각각 봉함을 받은 나라이름이다. 자(子)는 자작(子爵)을 뜻한다. 이들은 나라의 사직과 백성을 위해 자기 한 몸을 돌보지 않았던 현인들이었다. 공자는 이와 같은 인재들이 제대로 쓰이지 못했음을 애석하게 여기고 있다. 이는 또한 그 자신의 정치적 불우함에 대한 탄식이기도 하다.

올바른 도리에 따라

유하혜는 노나라의 사사(재판관)가 되었다가 세 번이나 쫓겨났다. 그러자 어떤 사람이 물었다.

"당신은 이런 나라를 떠나버릴 만하지 않습니까?"

유하혜가 대답했다.

"올바른 도리에 따라 남을 섬긴다면 어디에 간들 세 번 쫓겨나지 않겠소? 도를 굽혀 남을 섬길 양이면 굳이 부모의 나라를 떠날 필요가 있겠소?"

柳下惠爲士師하여 三黜이어늘 人이 曰, 子未可以去乎아?
유 하 혜 위 사 사 삼 출 인 왈 자 미 가 이 거 호

曰, 直道而事人이면 焉往而不三黜이며
왈 직 도 이 사 인 언 왕 이 불 삼

枉道而事人이면 何必去父母之邦이리오?
왕 도 이 사 인 하 필 거 부 모 지 방

柳下惠 : 노나라의 대부. 성은 전(展), 이름은 금(禽), 유가에서 숭상하는 인물.
士師 : 법을 집행하는 관리.

해설 유하혜는 온당한 덕성과 곧은 도리를 바탕으로 임금을 섬겼다. 그러나 현실 정치에서는 악한 세(勢)에 밀려 자리에서 쫓겨나는 일도 있는 것이다. 그래도 그는 자기 조국을 버리고 떠나지 않고, 다시 나가서 충성을 하려고 했다.

천하에 도가 행해진다면

공자께서 말씀하셨다.

"내가 이 세상 사람들과 함께 살지 않으면 누구와 더불어 살겠는가? 천하에 도가 행해진다면 나도 그 흐름을 바꾸려 들지는 않을 것이다."

子曰, 吾非斯人之徒與오 而誰與리오?
자 왈 오 비 사 인 지 도 여 이 수 여

天下有道면 丘不與易也니라.
천 하 유 도 구 불 여 이 야

군자가 관직에 나가는 것은

자로가 말하였다.

"관직에 나가지 않는 것은 의로운 일이 아니다. 어른과 아이 사이의 예절도 버릴 수 없는데, 어찌 임금과 신하 사이의 의리를 저버릴 수 있겠소? 그것은 자신의 몸만을 깨끗이 하려다 인간 윤리를 어지럽히는 일이다. 군자가 관직에 나가는 것은 군신의 의리를 지키고자 함이 아니겠소? 바른 도리가 지켜지지 않음은 우리도 이미 잘 알고 있는 일이오."

子路이 曰, 不任無義하니 長幼之節을 不可廢也니
자 로 왈 불 임 무 의 장 유 지 절 불 가 폐 야

君臣之義를 如之何其廢之리오? 欲潔其身 而亂大倫이로다.
군 신 지 의 여 지 하 기 폐 지 욕 결 기 신 이 난 대

君子之任也는 行其義也니 道之不行은 已知之矣시니라.
군자지임야 행기의야 도지불행 이지지의

자신의 뜻을 굽히지 않고

세상을 피해 숨어 살면서 절의와 행실이 뛰어난 사람으로는, 백이·숙제·우중·이일·주장·유하혜와 소련이 있다.

공자께서 말씀하셨다.

"자신의 뜻을 굽히지 않고 그 몸을 욕되게 하지 않은 사람은 백이와 숙제로다! 유하혜와 소련은 비록 뜻을 굽히고 몸을 욕되게 하였으나, 말이 이치에 맞고 행위는 생각과 일치하였으니, 그들은 그렇게 했을 뿐이다. 우중과 이일은 숨어살면서 하고싶은 말을 다 하였으나, 몸가짐이 깨끗했고 세속을 떠난 것이 시의에 적절하였다. 그러나 나는 이들과 다르다. 그러므로 반드시 그래야만 한다는 것도 없고, 그래서는 안 된다고 하는 것도 없다."

逸民은 伯夷와 叔齊와 虞仲과 夷逸과
일민 백이 숙제 우중 이일

朱張과 柳下惠와 少連이니라.
주장 유하혜 소련

子曰, 不降其志하며 不辱其身은 伯夷 叔齊與인저!
자왈 불강기지 불욕기신 백이 숙제여

謂柳下惠少連하사대 降志辱身矣니 言中倫하며 行中慮하니,
위유하혜소련 강지욕신의 언중륜 행중려

其斯而已矣니라. 謂虞仲夷逸하사대 隱居放言하나
기사이이의 위우중이일 은거방언

身中淸하며 廢中權이니라 我則異於是하야 無可無不可하라.
신중청 폐중권 아즉이어시 무가무불가

逸民 : 세속을 초월한 사람. 세상을 피하여 숨어 살며 절의와 행실이 뛰어난 인물.
虞仲 : 태백(泰伯)의 동생인 중옹(仲雍)을 말한다. 형과 함께 왕위를 사양하고 형만(荊蠻)으로 가서 숨어 살았다.
夷逸·朱張 : 이들의 생애는 알려진 바가 없다.
少連 : 동이(東夷)의 자손으로 부모가 돌아가셨을 때, 거상(居喪)을 잘했다고 하여 공자가 칭송하였다.

온갖 재능이 다 갖춰져 있기를

주공이 그의 아들 노공에게 말했다.

"군자는 자기의 친족을 소홀히 대하지 말며, 대신들로 하여금 자신을 써주지 않는다고 원망하게 하지 않으며, 원로 중신은 커다란 잘못이 없는 한 버리지 않는다. 그리고 한 사람이 온갖 재능이 다 갖춰져 있기를 바라지 않는다."

周公이 謂魯公曰, 君子 不施其親하며
주공 위노공왈 군자 불시기친

不使大臣으로 怨乎不以하며.
불사대신 원호불이

故舊無大故 則不棄也하며
고구무대고 즉불기야

無求備於一人이니라.
무구비어일인

主公 : 주나라 무왕의 동생. 공자는 그를 성인으로 추앙하였다. 성은 희(姬), 이름은 단(旦), 조카인 성왕(成王)을 보필한 성인.
魯公 : 주공의 아들 백금(伯禽). 노나라에 봉해짐.

해설 무왕의 아우인 주공은 형이 죽자 섭정이 되어, 어린 조카 성왕을 성심으로 보좌하였다. 그는 관숙과 채숙의 반란을 평정하고 동이(東夷), 회이(淮夷) 등의 부족을 정벌하였다. 또한 주공은 예악과 문물제도의 정비에도 힘써 주왕조를 튼튼한 반석 위에 올려 놓는다. 그는 아들 백금이 노나라의 제후에 봉해지자 위와 같은 훈계를 했다. 노나라 사람들은 이 말을 잊지 않고 전해온 것이다.

여덟 명의 선비

주나라에 여덟 명의 선비가 있었다.
백달과 백괄과 중돌과 중홀과 숙야와 숙하와 계수와 계왜니라.

周有八士하니
주 유 팔 사

伯達과 伯适과 仲突과 仲忽과 叔夜와 叔夏와 季隨와 季騧니라.
백 달 백 괄 중 돌 중 홀 숙 야 숙 하 계 수 계 왜

해설 나라가 잘되려면 좋은 인재가 속출한다. 주나라 초기에는 '네 쌍둥이 형제' 8명이 나와서 나라에 이바지했다.

제19편
자장子張

공자의 뛰어난 제자들-자하(子夏)·자공(子貢)·증자(曾子)·자장(子張)과 자유(子游)의 말을 기록하고 있다.

선비로서의 기본적인 자격

자장이 말하였다.

"선비는 나라가 위태롭고 위기에 처하게 되면 자신의 목숨을 내던지고 이를 구하며, 이익이 되는 일이 눈앞에 나타나면, 그것을 얻는 일이 도리에 맞는 일인지를 잘 생각해야 한다. 제사를 지낼 때는 자신의 태도가 공경스러운가를 생각하고, 상을 당했을 때 슬픔을 생각한다면 선비로서의 기본적인 자격을 갖춘 것이다."

子張이 曰, 士 見危致命하며 見得思義하며 祭思敬하며,
자장 왈 사 견위치명 견득사의 제사경

喪思哀면 其可已矣니라.
상사애 기가이의

子張 : 진(陳)나라 사람으로 공자의 제자. 성은 전손(顓孫), 이름은 사(師), 자가 자장이다.

士 : 선비. 벼슬하거나 야에 있거나, 선비가 지켜야 할 태도를 말한다.

참고 자로(子路)가 인간 완성에 대해 공자에게 묻자, 공자가 말하길, "지혜, 청렴, 무욕, 예능을 두루 갖추고 예악(禮樂)으로 교양을 높여야 한다. 그러나 오늘에는 이익을 보면 정의를 생각하고(見利思義), 위태로움을 보면 목숨을 바칠 줄 알고(見危授命), 오랜 약속일지라도 전날의 자기 말을 잊지 않고 실천한다면(久要不忘平生之言). 역시 인간 완성이라고 할 수 있다."라고 답하였다.

어찌 덕이나 도를

자장이 말하였다.

"덕을 지녔으나 넓히지 못하고, 도를 믿으나 독실하지 않다면, 어찌 덕이나 도를 지녔다 안 지녔다 말할 수 있겠는가?"

子張이 曰, 執德不弘하며 信道不篤이면
자 장 왈 집 덕 불 홍 신 도 부 독

焉能爲有며? 焉能爲亡리오?
언 능 위 유 언 능 위 무

현명한 사람을 존중하지만

자장이 말하였다.

"군자는 현명한 사람을 존중하지만 일반 대중들도 넓게 받아들인다. 선한 사람을 칭찬하지만 능력이 없는 사람도 불쌍히 여긴다. 만약 내가 크게 현명하면, 어찌 사람들을 다 받아들지 않겠는가? 내가 만일 현명하지 못하다면 다른 사람이 나를 멀리 할 것인데, 어찌 다른 사람을 멀리할 수 있겠는가?"

子張이 曰, 君子는 尊賢而容衆하며 嘉善而矜不能이니
자 장 왈 군 자 존 현 이 용 중 가 선 이 긍 불 능

我之大賢與인대, 於人에 何所不容이며 我之不賢與인댄
아 지 대 현 여 어 인 하 소 불 용 아 지 불 현 여

人將拒我니 如之何其拒人也리오?
인 장 거 아 여 지 하 기 거 인 야

비록 작은 기예일지라도

자하가 말하였다.

"비록 작은 기예일지라도 거기에는 반드시 볼만한 것이 있을 것이지만, 원대한 뜻을 이루는데 장애가 될까 염려되므로 군자는 그런 것들을 배우지 않는 것이다."

子夏曰, 雖小道나 必有可觀者焉이어니와,
자 하 왈 수 소 도 필 유 가 관 자 언

致遠恐泥라 是以로 君子不爲也니라.
치 원 공 니 시 이 군 자 불 위 야

가히 배우기를 좋아한다고

자하가 말하였다.

"날마다 자신이 알지 못하던 것을 알게 되고, 달마다 자신이 잘하는 것을 잊지 않는다면 가히 배우기를 좋아한다고 할 수 있다."

子夏曰, 日知其所亡하며 月無忘其所能이면
자 하 왈 일 지 기 소 망 월 무 망 기 소 능

可謂好學也已矣니라.
가 위 호 학 야 이 의

널리 배워서 뜻을 두텁게 하고

자하가 말하였다.

“널리 배워서 뜻을 두텁게 하고, 간절히 물어 가까운 것부터 생각한다면 인(仁)은 그 가운데 있게 될 것이다.”

子夏曰, 博學而篤志하며 切問而近思하면 仁在其中矣니라.
자하왈 박학이독지 절문이근사 인재기중의

군자는 학문을 가지고

자하가 말하였다.

“모든 기술자들은 작업장에서 열심히 일함으로써 그들의 일을 성취하지만, 군자는 학문을 가지고 도를 실천한다.”

子夏曰, 百工이 居肆하여 以成其事하고
자하왈 백공 거사 이성기사

君子學하여 以致其道니라.
군자학 이치기도

소인은 잘못을 저지르면

자하가 말하였다.

“소인은 잘못을 저지르면 반드시 그럴 듯하게 꾸며댄다.”

子夏曰, 小人之過也는 必文이니라.
자하왈 소인지과야 필문

해설 사람은 누구나 잘못을 저지르게 마련이다. 중요한 것은 그것을 뉘우치고 고칠려고 하는 태도 여부이다. 그러나 소인은 잘못을 반성하기는커녕 속임수와 변명으로 일관하고 있다. 이렇게 해서는 아무런 발전이 없다. 모름지기 사람은 허물을 뉘우치고 고칠려고 하는 자세에서 참다운 인격 향상을 이루게 되는 것이다.

옳고 그름이 명확하다

자하가 말하였다.
"군자에게는 세 가지 다른 면이 있다. 그를 멀리서 바라보면 위엄이 있고, 가까이 대해 보면 온화하며 그의 말을 들어보면 옳고 그름이 명확하다."

子夏曰, 君子 有三變하니 望之儼然하고
자하왈 군자 유삼변 망지엄연

卽之也溫하고 聽其言也厲니라.
즉지야온 청기언야려

백성들의 신뢰

자하가 말하였다.
"군자는 백성들의 신뢰를 얻은 후에 그 백성들을 부려야 한다. 미처

신뢰를 얻지 못한 상태에서 백성들을 부리면, 자기를 학대한다고 생각한다. 신임을 받은 후에 간언을 해야 한다. 신임을 받지 못한 상태에서 간언하면, 자기를 비방한다고 생각한다."

子夏曰, 君子信而後에 勞其民이니 未信則以爲厲己也니라.
자하왈 군자신이후 로기민 미신즉이위여기야

信而後에 諫이니 未信則以爲謗己也니라.
신이후 간 미신즉이위방기야

규범의 한계

자하가 말하였다.

"큰 덕목이 그 규범의 한계를 넘지 않으면, 사소한 덕목은 융통성을 두어 그 경계를 좀 넘나들어도 괜찮다."

子夏曰, 大德이 不踰閑이면 小德은 出入이라도 可也니라.
자하왈 대덕 불유한 소덕 출입 가야

大德 : 큰 덕. 큰 도리. 仁·義·孝·忠·悌와 같은 기본적인 덕행.

처음부터 끝까지

자하가 말하였다.

"처음부터 끝까지 모두 터득할 수 있는 이는 오직 성인뿐이리라!"

子夏曰, 有始有卒者는 其惟聖人乎인저!
자하왈 유시유졸자 기유성인호

여유 있으면 학문을 닦고

자하가 말하였다.

"벼슬을 하면서 여유가 있으면 학문을 닦고, 학문을 닦으면서 여유가 있으면 벼슬을 한다."

子夏曰, 仕而優則學하고 學而優則仕니라.
자 하 왈 사 이 우 즉 학 학 이 우 즉 사

상을 당해서는 슬픔을

자유가 말하였다.

"상을 당해서는 슬픔을 다하면 된다."

子游曰, 喪은 致乎哀而止니라.
자 유 왈 상 치 호 애 이 지

어려운 일을 하는 데는

자유가 말하였다.

"내 친구 자장은 어려운 일을 하는 데는 능하지만, 아직 어질다고는[인(仁)하다고] 할 수 없다."

子游曰, 吾友張也는 爲難能也나 然而未仁이니라.
자 유 왈 오 우 장 야 위 난 능 야 연 이 미 인

당당하구나 자장은!

증자가 말하였다.

"당당하구나 자장은! 그러나 그와 함께 인(仁)을 실천하기는 어렵겠구나."

曾子曰, 堂堂乎張也여! 難與竝爲仁矣로다.
증 자 왈 당 당 호 장 야 난 여 병 위 인 의

부모의 상을 당하면

증자가 말하였다.

"내가 선생님께 들으니, '사람은 스스로 정성을 다하지 않지만, 부모의 상을 당하면 반드시 자신의 정성을 다할 것이다'라고 하셨다."

曾子曰, 吾聞諸夫子하니
증 자 왈 오 문 제 부 자

人未有自致者也나 必也親喪乎인저!
인 미 유 자 자 야 필 야 친 상 호

夫子 : 선생님, 곧 공자를 뜻한다.

군자의 잘못

자공이 말하였다.

"군자의 잘못은 일식이나 월식과 같다. 따라서 잘못을 저지르면 저절로 모든 사람들의 눈에 뜨이고, 그것을 고치면 사람들이 모두 우러러본다."

子貢曰, 君子之過也는
자 공 왈 군 자 지 과 야

如日月之食焉이라, 過也에.
여 일 월 지 식 언 과 야

人皆見之하고 更也에 人皆仰之니라.
인 개 견 지 경 야 인 개 앙 지

백성들은 영광으로 여기고

진자금이 자공에게 말하였다.

"선생께서 겸손해서 그렇지, 중니가 어찌 선생님보다 현명하겠습니까?"

자공이 말하였다.

"군자는 말 한 마디로 지혜롭다고 여겨지기도 하고, 말 한 마디로 어리석게도 여겨지는 것이니, 말은 신중히 하지 않으면 안 되오. 내가 우리 선생님께 미칠 수 없는 것은 마치 사다리를 타고 하늘에 오를 수 없는 것과 같소. 선생님께서 만약 나라를 다스렸다면 백성들에게 스스로 일어설 능력을 주시고, 그들을 바른 길로 이끌어 행하게 하며,

그들을 편안케 하여 모여들게 하고, 그들을 격려하여 화목을 이루게 할 것이오. 그러므로 그분이 살아계심을 백성들은 영광으로 여기고, 돌아가셔서는 슬픔으로 가득했으니 어찌 우리가 그 분께 미칠 수 있겠소?"

陳子禽이 謂子貢曰, 子爲恭也언정 仲尼豈賢於子乎리오?
진자금 위자공왈 자위공야 중니기현어자호

子貢曰, 君子一言에 以爲知하며 一言에 以爲不知니
자공왈 군자일언 이위지 일언 이위부지

言不可不愼也니라.
언불가불신야

夫子之不可及也는 猶天之不可階而升也니라.
부자지불가급야 유천지불가계이승야

夫子之得邦家者인댄 所謂立之斯立하며 道之斯行하면
부자지득방가자 소위입지사립 도지사행

綏之斯來하며 動之斯和하여 其生也榮하고 其死也哀니
수지사래 동지사화 기생야영 기사야애

如之何其可及也리오?
여지하기가급야

陳子禽 : 진나라 사람. 공자의 제자인 진항(陳亢).

해설 자공은 스승 공자의 드높은 경지를 사람이 사다리로 하늘을 오를 수 없는 것으로 표현하고 있다. 또한 그는 공자가 죽자, 무려 6년 동안이나 무덤 옆에서 시묘를 한 바 있다. 이와 같이 그의 스승에 대한 숭앙심(崇仰心)은 거의 신앙에 가까운 것이다.

제20편
요왈堯曰

3장으로 이루어졌는데, 공자의 말이나 제자의 말을 추린 것과는 직접적인 관계가 없고 다만 옛 성현의 도(道)를 말한 것으로 후세에 덧붙여진 것으로 볼 수 있다.

백성들에게 허물이 있다면

요임금이 순임금에게 왕위를 물려줄 때 말하였다.

"아! 그대 순이여! 하늘의 정해진 뜻이 그대에게 와 있으니 진실로 중용의 도를 지키도록 하라. 온 세상의 백성들이 곤궁해지면, 하늘이 너에게 내리는 복록도 영원히 끊어질 것이다."

순임금도 역시 (이 말을 선양할 때) 우에게 일러 주었다. (은나라의 탕왕이 하나라의 마지막 걸왕을 토벌하고, 천자의 자리에 오르려 할 때, 하늘과 제후에게 다음과 같이 맹세했다.)

"변변치 못한 리(履)는 감히 검은 황소를 제물로 바치며 위대하신 천자께 아뢰옵니다. 죄가 있는 자를 함부로 용서할 수 없으며, 천제의 신하 중 어진 이를 버려둘 수 없으나, 그들을 가려냄은 오로지 천제의 뜻에 달려 있습니다. 제 몸에 죄가 있다면 그것은 세상의 백성들과는 상관이 없으나, 세상의 백성들에게 죄가 있다면 그 죄는 저에게 있는 것입니다."

무왕이 주왕을 칠 때 이렇게 말하였다.

"주나라는 하늘이 내리신 혜택으로 훌륭한 인물이 많습니다. 은나라에 비록 가까운 친척이 있더라도 우리나라의 어진 사람만은 못하다. 또한 백성에게 허물이 있다면 그 책임은 나 한 사람에게 있는 것이다."

무왕은 도량형을 신중하게 바로잡고, 법도를 심의하여 이를 개선하고 폐지한 관직들을 정비하여, 사방의 정사가 잘 시행되었으며, 멸망했던 나라들을 부흥시켜주고 끊어진 대를 다시 이어주었으며 초야에 묻힌 숨은 인재들을 찾아내 기용하였으므로 천하의 민심이 그에게로 돌아갔다.

그가 소중히 여긴 것은 백성과 식량과 상사(喪事)와 제사였다. 관대하게 대하면 백성의 지지를 얻게 되고, 신의가 있으면 백성들이 믿고 따르게 된다. 행동이 민첩하면 공을 이루게 되고 공평하면 백성들이 기뻐하게 된다.

堯曰, 咨라! 爾舜아! 天之歷數在爾躬하니 允執其中하라.
요왈 자 이순 천지역수재이궁 윤집기중

四海困窮하면 天祿永終하리라. 舜이 亦以命禹하시니라.
사해곤궁 천록영종 순 역이명우

曰, 予小子履는 敢用玄牡하여 敢昭告于 皇皇后帝하노니
왈 여소자리 감용현모 감소고우 황황후제

有罪를 不敢赦하며. 帝臣不蔽니 簡在帝心이니이다.
유죄 불감사 제신불폐 간재제심

朕躬有罪는 無以萬方이오 萬方有罪는 罪在朕躬하니라.
짐궁유죄 무이만방 만방유죄 죄재짐궁

周有大賚하니 善人이 是富하니라.
주유대뢰 선인 시부

雖有周親이나, 不如仁人이오 百姓有過 在予一人이니라.
수유주친 불여인인 백성유과 재여일인

謹權量하며 審法度하며 修廢官하신대 四方之政行焉하니라.
근권량 번법도 수폐관 사방지정행언

興滅國하며 繼絶世하며 擧逸民하신대
흥멸국 계절세 거일민

天下之民歸心焉하니라.
천하지민귀심언

所重은 民·食·喪·祭러시다.
소중 민 식 상 제

寬則得衆하고 信則民任焉하고
관즉득중 신즉민임언

敏則有功하고 公則說이니라.
민즉유공 공즉열

堯 : 요임금. 歷數 : 하늘이 정해준 제왕 계승의 차례.
天祿 : 하늘이 내린 복록. 제왕이 되는 운수.
履 : 은나라 탕임금의 이름.
玄牡 : 검은 황소. 하나라는 검은색을 숭상했음. 牡는 수컷 (모).
后帝 : 천제(天帝), 하늘.

해설 요임금은 세상에서 충(忠)·효(孝)와 인덕(仁德)을 갖추었다는 순(舜)을 발탁하여 중책을 맡기고, 자신의 아들 단주를 제쳐두고 그에게 왕위를 물려주었다. 이처럼 유덕한 이에게 평화적인 방법으로 임금의 자리를 계승케 함을 선양(禪讓)이라고 한다. 그러나 무도한 폭군을 무력으로 제압하여 천하를 차지하는 경우를 방벌(放伐)이라고 한다.

예컨대 저 은나라의 탕왕이 하나라의 걸왕을 멸한 것이나, 주나라의 무왕이 은나라의 주왕을 멸한 것이 여기에 해당된다. 탕왕은 걸왕의 자손으로 기(杞)나라를 세우게 하는 관대한 조처로 제후의 지지를 받은 바 있다. 또한 무왕은 끊어진 가문의 대를 이어주며, 관(寬)·신(信)·민(敏)·공(公)의 사덕(四德)으로 덕치를 베풀어 흩어진 민심을 수습하였다.

백성들에게 은혜를 베풀면서

자장이 공자께 물었다.

"어떻게 하면 바른 정치에 종사할 수 있습니까?"

공자께서 말씀하셨다.

"다섯 가지의 미덕을 존중하고, 네 가지 악덕을 물리치면 바른 정치에 종사할 수 있다."

자장이 물었다.
"무엇을 다섯 가지 미덕이라고 합니까?"
공자께서 말씀하셨다.
"군자는 백성들에게 은혜를 베풀면서도 낭비하지 않고, 수고롭게 일을 시키면서도 원망을 사지 않으며, 뜻을 이루고자 하면서도 탐욕을 부리지 않고, 넉넉하면서도 교만하지 않으며, 위엄이 있으면서도 사납지 않은 것이다."
자장이 물었다.
"무엇이 은혜를 베풀되 낭비하지 않는 것입니까?"
공자께서 말씀하셨다.
"백성들에게 이롭다고 여기는 바대로 하도록 해줌으로써 그들을 이롭게 한다면, 이것이 곧 은혜를 베풀되 낭비하지 않는 것 아니냐? 또한 부려도 될만한 일을 택하여 부린다면 그 누가 원망하겠느냐? 그리고 인[인덕(仁德)]을 실현하고자 하여 인을 이룬다면 그이상 무엇을 더 바라겠느냐? 군자가 사람이 많든 적든, 또한 권세가 크든 작든 감히 소홀히 하지 않는다면, 이것이 곧 넉넉하되 교만하지 않은 것이 아니겠느냐? 군자가 의관을 바르게 하고 태도를 위엄있게 하여 사람들이 그를 어려워한다면, 이것이 곧 위엄은 있으되 사납지 않은 것이 아니겠느냐?"
자장이 또 물었다.
"그러면 무엇을 네 가지 악덕이라고 합니까?"
공자께서 말씀하셨다.
"백성을 가르치지 않고서 잘못했다고 죽이는 것을 잔학하다 하고, 미리 주의를 주지 않고 결과만 보고 판단하는 것을 난폭하다고 하며, 명령은 느슨하게 해놓고 갑자기 기일을 정하여 재촉하는 것을 일을 그르치는 짓이라 하고, 어차피 사람들에게 골고루 나눠줄 것이면서도 출납에 인색한 것을 옹졸한 벼슬아치라 하는데, 이것이 네 가지 악덕이다."

子張이 問於孔子曰, 何如라야 斯可以從政矣니이까?
자장 문어공자왈 하여 사가이종정의

子曰, 尊五美하며 屛四惡이면 斯可以從政矣리라.
자왈 존오미 병사악 사가이종정의

子張曰, 何謂五美니이까?
자장왈 하위오미

子曰, 君子惠而不費하며 勞而不怨하며 欲而不貪하며
자왈 군자혜이불비 노이불원 욕이불탐

泰而不驕하며 威而不猛이니라.
태이불교 위이불맹

子張曰, 何謂惠而不費니이까?
자장왈 하위혜이불비

子曰, 因民之所利而利之니 斯不亦惠而不費乎아?
자왈 인민지소리이리지 사불역혜이불비호

擇可勞而勞之어니 又誰怨이리오? 欲仁而得仁이어니
택가노이노지 우수원 욕인이득인

又焉貪이리오 君子無衆寡하며 無小大히 無敢慢하나니
우언탐 군자무중과 무소대 무감만

斯不亦泰而不驕乎아 君子는 正其衣冠하며 尊其瞻視하여
사불역태이불교호 군자 정기의관 존기첨시

儼然人望而畏之하나니 斯不亦威而不猛乎아.
엄연인망이외지 사불역위이불맹호

子張曰, 何謂四惡이니이까?
자장왈 하위사악

子曰, 不敎而殺을 謂之虐이오.
자왈 불교이살 위지학

不戒視成을 謂之暴오. 慢令致期를
불계시성 위지포 만령치기

謂之賊이오. 猶之與人也로대 出納之吝을 謂之有司니라.
위 지 적 유 지 여 인 야 출 납 지 린 위 지 유 사

해설 공자는 군자가 지키고 행해야 할 오미(五美)를 자세히 설명했다. 군자는 인정(仁政)과 덕치(德治)를 구현할 임금이나 참여자를 말한다.

천명을 모르면 군자가 될 수 없고

공자께서 말씀하셨다.
"천명을 모르면 군자가 될 수 없고, 예를 모르면 남 앞에(세상에) 나설 수 없으며, 말을 모르면 사람을 다스릴 수 없다."

孔子曰, 不知命이면 無以爲君子也오.
공 자 왈 부 지 명 무 이 위 군 자 야

不知禮면 無以立也오. 不知言이면 無以知人也니라.
부 지 례 무 이 입 야 부 지 언 무 이 지 인 야

해설 공자는 군자가 갖추어야 할 세 가지 요건으로 지명(知命)과 지례(知禮)와 지언(知言)을 들고 있다. 지명은 곧 만물을 창조하고 다스리는 하늘의 의지를 이해함을 뜻한다. 그리고 예는 사회질서와 인간윤리의 규범이다. 지례란 문화인의 사회참여에 필수적인 것이다. 지언(知言)이란 대화를 통하여 사람의 바르고 바르지 못함을 식별하여 이에 슬기롭게 대처함을 뜻하는 것이다.

공자의 연보(年譜)

1세(기원전 551년)

노(魯)나라 추읍 창평현에서 출생, 어머니 안징재(顔徵在)가 이구산(尼丘山)에서 기도를 드리고 공자를 낳았다 함. 그래서 이름을 구(丘), 자를 중니(仲尼)라 했다고 전함. 사마천 『사기, 공자세가』의 설. 『춘추전(春秋傳)』에는 기원전 522년 출생이라고 전한다.

3세(기원전 549년)

아버지 숙량흘(叔梁紇) 돌아가심. 공자 모친이 공자를 데리고 곡부 궐리로 이주하여 가난하게 살았다.

6세(기원전 546년)

어린 공자는 모친의 훈도를 받았다. 제사지내는 법과 예의를 차렸다고 전한다.

15세(기원전 537년)

학문에 뜻을 두고 덕을 닦음. 五十有五而志於學.

17세(기원전 535년)

어머니 안징재 돌아가심.

19세(기원전 533년)

송(宋)나라의 기관씨(亓官氏)와 결혼. 양곡 창고를 관리하는 위리(委吏)로 일하다.

20세(기원전 532년)

아들 리(鯉, 子는 伯魚)를 낳음. 노나라 임금 소공(昭公)이 잉어를 하사했으므로 리(鯉)라 함.

21세(기원전 531년)

노나라의 사직리(司職吏)가 됨. 사직리는 희생으로 쓸 가축을 기르는 것을 관리하는 관원.

30세(기원전 522년)

공자의 학문과 덕행이 사회적으로 알려졌다. 『논어』에서 '삼십이립(三十而立)'라고 했다. 이때, 공자는 사학(私學)을 개설하고 제자들에게 강학(講學)했다.

33세(기원전 519년)

주나라의 도읍 낙양으로 여행하며 주나라 문화와 음악을 배움

34세(기원전 518년)

노나라 소공(昭公)을 좇아 제(齊)나라를 유람하다. 노나라 대부 맹희자가 임종 직전에 아들 맹의자와 남궁경숙에게 '공자의 예를 배우라'고 부탁했다.

35세(기원전 517년)

노나라의 대부인 삼환씨가 참월하게 권력을 전횡하여, 소공(昭公)이 제나라로 망명했다.

40세(기원전 512년)

공자는 스스로 '사십이불혹(四十而不惑)'이라고 했다. 즉 그의 학문정신과 믿고 따르려는 도(道)가 바르고 굳게 섰다는 뜻이다.

48세(기원전 504년)

계환자(季桓子)가 노를 어지럽히자 공자는 문란한 세상을 한탄하고 물러나 시, 서, 예, 악을 연구함. 문하생의 수가 날로 증가했다. 양호가 공자를 만나고자 했으나 공자가 피하고 안 만났다.

50세(기원전 502년)

공자 자신이 '나이 50세 천명을 알다(五十而知天命)'이라고 했다. 공자가 말한 '지천명'은 바로 학덕(學德)을 겸비한 군자를 배양해서, 인정(仁政)과 덕치(德治)를 바탕으로 선세계(善世界)를 창건하는 것이 공 하늘이

자기에게 준 절대명령임을 알았다는 뜻이다.

51세(기원전 501년)

중도 고을의 재(中都宰)로서 고을을 잘 다스려 사방에서 본받게 됨.

52세(기원전 500년)

공자가 소사공(小司空)을 거쳐 대사구(大司寇)로 승진하고 대부(大夫)의 신분으로 재상의 일까지 겸함. 협곡 회맹에 외교사절로 수행하여 공을 세움.

55세(기원전 497년)

제(齊)나라에서 여악(女樂) 80명을 노나라에 보냈다. 계환자와 노나라 임금은 가기(哥妓)와 무녀들에 빠져 정사를 소홀히 했다. 이에 공자는 외유에 나서 위(衛)로 갔다. 그러나 참언으로 해를 입어 다시 진(陣)나라로 갔다. 가는 도중, 광읍(匡邑)에서는 그곳 사람들이 공자 일행을 양호의 무리로 착각하고 포위하는 일이 있었다. 또 포(蒲)에서는 반란에 길이 막히고 위험에 처혔다. 이에 공자는 다시 위나라로 돌아왔다.

60세(기원전 492년)

공자는 '육십이이순(六十而耳順)'이라고 했다. 이때 공자는 정(鄭)나라에서 진(陳)나라에 있었다. 제자들과 헤어져 공자가 동문에서 제자들이 오기를 기다렸다. '초상집의 개(喪家之狗)'의 고사가 유래됨. 진나라의 민공(閔公)이 공자를 대우했다.

62세(기원전 490년)

애제자 안회 죽음(32세), 슬픔이 컸다.

63세(기원전 489년)

오나라가 진나라를 치려고 하자, 공자는 진을 떠나 채나라를 거쳐 초나라로 가려 했다. 진과 채나라 사이에 포위되어 7일간 굶주렸다. 초나라의 도움으로 위기를 면하고 다시 위나라로 돌아왔다.

67세(기원전 485년)

부인 기관씨 사망.

68세(기원전 484년)

제나라가 무력으로 노나라를 침공하자 공자의 제자 염유가 출전하여 격파했다. 이에 노의 실권자인 계강자가 정중한 예로써 공자를 모셨다. 이에 공자는 14년에 걸친 방랑을 마무리하고 노나라로 돌아왔다.

70세(기원전 482년)

아들 리가 죽음. 공자 자신이 '70살이 되자, 마음대로 행해도 법도를 넘지 않는다(七十而從心所欲不踰倨矩)'라고 했다.

72세(기원전 480년)

위나라에서 정변이 발생하고, 공자의 제자 자로(子路)가 휩쓸려 죽었다. 공자는 크게 상심했다. 『춘추』를 지음.

73세(기원전 479년)

병을 앓다가 4월 11일 세상을 떠남. 곡부(曲阜)의 북쪽 사수(泗水)가에 매장했다. 제자들은 여막에서 3년간 복상했으며, 자공은 6년간 복상했다.

춘추시대역사도(春秋時代歷史圖)

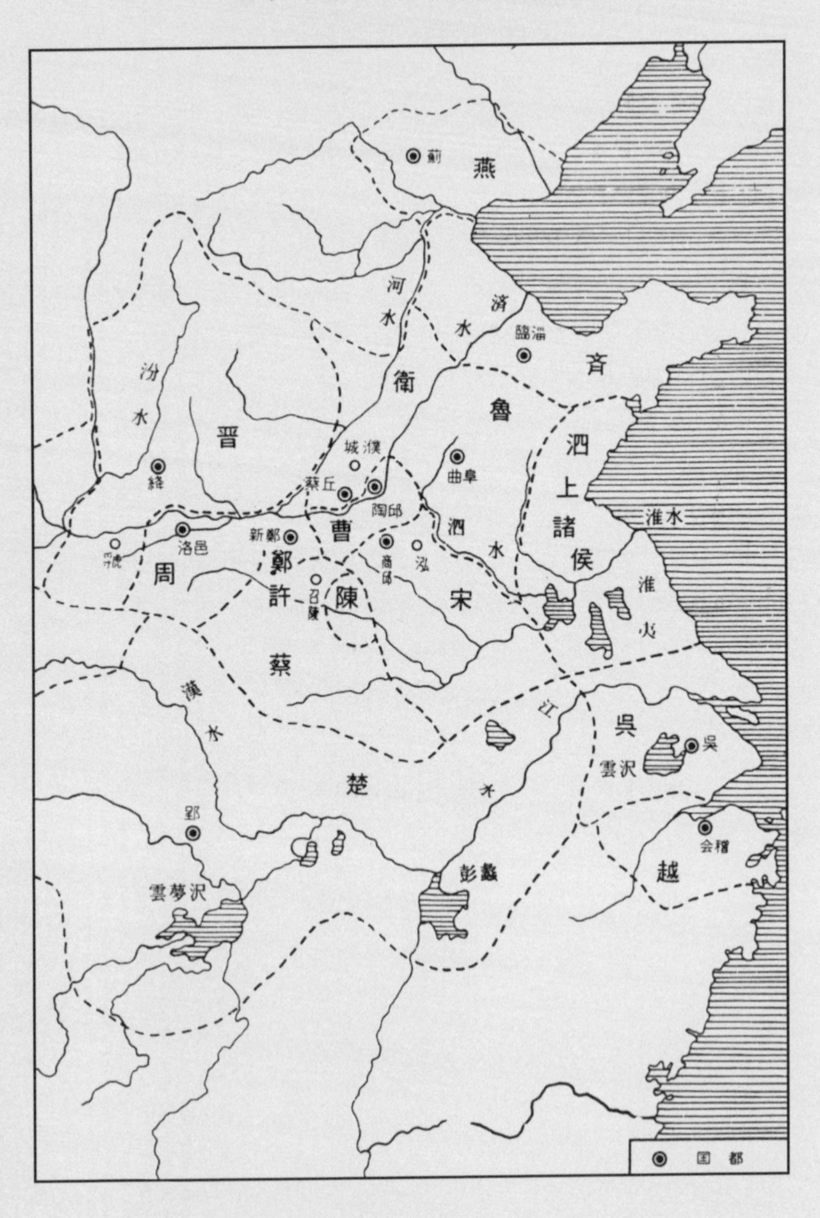

공자의 논어(論語)

초판 1쇄 발행 2009년 12월 20일
2판 3쇄 발행 2020년 2월 25일
3판 1쇄 발행 2023년 5월 15일

편저자 변진홍
펴낸이 이환호
펴낸곳 나무의꿈

등록번호 제 10-1812호
주 소 서울시 마포구 잔다리로 77 대창빌딩 402호
전 화 02)332-4037 팩 스 02)332-4031

ISBN 979-11-92923-00-0 03150